[英]丹泽尔·兰金（Denzil Rankine）
[英]彼得·豪森（Peter Howson） 著

侯伟鹏 译

ACQUISITION ESSENTIALS:
A STEP-BY-STEP GUIDE TO SMARTER DEALS

步步并购

中信出版集团｜北京

图书在版编目（CIP）数据

步步并购/（英）丹泽尔·兰金，（英）彼得·豪森著；侯伟鹏译.--北京：中信出版社，2019.12
书名原文: Acquisition Essentials:A Step-by-step Guide to Smarter Deals
ISBN 978-7-5217-0992-6

Ⅰ.①步… Ⅱ.①丹…②彼…③侯… Ⅲ.①企业兼并 Ⅳ.①F271.4

中国版本图书馆CIP数据核字(2019)第187295号

Authorized translation from the English language edition, entitled Acquisition Essentials:A Step-by-step Guide to Smarter Deals, Second Edition, ISBN 978-1-292-00063-3 by Denzil Rankine and Peter Howson, Copyright © Pearson Education Limited 2013 (print and electronic).

This Licensed Edition Acquisition Essentials:A Step-by-step Guide to Smarter Deals,Second Edition is published by arrangement with Pearson Education Limited.

All rights reserved. No part of this book may be reproduced or transmitted in any form or by any means, electronic or mechanical, including photocopying, recording or by any information storage retrieval system, without permission from Pearson Education Limited.

Chinese simplified language edition published by CITIC Press Corporation, Copyright © 2019.

本书中文简体字版由Pearson Education Limited（培生教育出版集团）授权中信出版集团在中华人民共和国境内（不包括香港、澳门特别行政区及台湾地区）独家出版发行。未经出版者书面许可，不得以任何方式抄袭、复制或节录本书中的任何部分。

本书封底贴有Pearson Education Limited（培生教育出版集团）激光防伪标签，无标签者不得销售。

步步并购

著　者：[英]丹泽尔·兰金　[英]彼得·豪森
译　者：侯伟鹏
出版发行：中信出版集团股份有限公司
　　　　　（北京市朝阳区惠新东街甲4号富盛大厦2座　邮编　100029）
承　印　者：北京诚信伟业印刷有限公司

开　　本：787mm×1092mm　1/16　印　张：20.25　字　数：177千字
版　　次：2019年12月第1版　印　次：2019年12月第1次印刷
京权图字：01-2014-5670　广告经营许可证：京朝工商广字第8087号
书　　号：ISBN 978-7-5217-0992-6
定　　价：69.00元

版权所有·侵权必究
如有印刷、装订问题，本公司负责调换。
服务热线：400-600-8099
投稿邮箱：author@citicpub.com

序

并购决策与其他决策有所不同。在第一章中,丹泽尔·兰金(Denzil Rankine)和彼得·豪森(Peter Howson)指出,"绝大多数并购都失败了",而这通常也是投资经理得到的警告。但对大多数经理来说,他们其实已经习惯了那些成功率不高的决策行为。与这些情况相比,30%~50%的成功率看起来再正常不过了。因此,较低的成功率并不是并购的主要特色。其特色在于,并购决策涉及较高的成本和较低的回报。

在大多数决策中,比如市场推出一款新产品,投资经理做出几百万美元的投资决策,如果投资成功,他们就能获得5~10倍的投资收益。当然,投资有时候会失败,但投资失败造成的损失可以由投资成功带来的收益来弥补:一次成功投资的收益通常可以弥补3~4次失败投资的损失。但对并购来说,情况并非如此。

在并购时,并购方通常需要为目标公司支付全部价款,并额外支付一定的溢价。也就是说,并购方要在并购对象的未来现金流折现之外,额外支付10%~50%的费用。理解并购方愿意支付溢价的原因十分重要。并购方愿意支付溢价,是因为它们通常需要与其他买家竞争,同时也是为了让卖家尽快出手。

并购的收益等于并购对象在新东家手里经过改善和整合之后的价值,减去支付给卖家的全部价款以及交易和整合过程中产生的各项费用。如果费用占 30%，这是丹泽尔·兰金和彼得·豪森认为正常的水平，公司经过改善和整合之后的价值是其被并购之前的 150%，那么收益就会达到 20%。也就是说，并购方花费 130% 的成本，取得 20% 的收益。这显然属于高成本、低回报的投资决策。

成本是 130% 而回报是 20%，在这种情况下，成功投资带来的收益不太可能覆盖投资失败的成本。一项糟糕的投资决策会使并购方损失 100%，而这需要 5 项成功投资的收益来弥补。因此，从经济学上来看，并购决策与投资经理所面对的多数投资决策存在很大的不同。

这就是我在讲授并购策略时要集中解决的问题。如果成本很高而回报很低，那么估值和整合协同的效果存在高度不确定性，并购方要支付的溢价，受其竞购对手愿意付出成本的影响，在这种情况下，投资经理如何做出并购决策呢？

我把自己的心得提炼成 5 条原则。

原则 1：在并购繁荣期，不要以现金进行并购

在过去的一个世纪里，公司并购方的数量超过出售方的情形曾经出现过 5 次，最后两次出现在 20 世纪 80 年代和 90 年代末期。这几次并购繁荣期恰逢股票市场异乎寻常的牛市，因此导致不切实际的高估值现象的出现。在此期间，以现金进行并购的经理显然出价过高，其本人及继任者不得不百般努力，才能保住自己的饭碗。

最好的应对之策应当是，在并购繁荣期避免并购交易。但是，有些投资策略不能等到股市恢复正常。在这种情况下，如果投资经理认为股价过高，就应当以股票进行交易。这样只是买入了昂贵的股票，同时也支付了昂贵的股票，从而把标价过高的风险转移给销售对象的股东。

原则2：整合方案的改善和协同效应带来的收益，要高于所支付的溢价

丹泽尔·兰金和彼得·豪森在第一章中说明了这个道理。除非整合方案的改善和协同效应带来的收益高于溢价成本，否则并购不会取得收益。实际上，与并购对象独立运营取得的价值相比，只有当整合方案的改善和协同效应更显著的时候，才能取得较好的收益，这是投资回报较高的唯一情形。如果整合方案的改善和协同效应的效果是100%或者200%，那么即使并购支付的溢价是50%，依然可以取得不菲的回报。

这项原则有一个例外，那就是当目标公司折价出售的时候。这种情况确实存在，并购方要对折扣倍加留心。当一项业务在不断消耗成本的时候，其价格再低也不为过。

原则3：我们并购目标公司之后所能创造的协同效应，要比竞争对手更高

这是一项艰巨的任务，但其中的逻辑无可辩驳。我们付出的溢价要根据竞争对手准备报出的第二高的价格来确定，因此要十分小心，对于那些能够创造比我们更高协同效应的竞争对手，我们不应报出比其更高的价格。举个例子来说，如果我们能够创造30%的协同效应，而另外一家公司可以创造50%，那么这家公司就能够比我们多支付20%的溢价。

问题在于，对任何一家竞购机构来说，它们既无法把并购对象作为一项独立的业务来进行准确估值，也不能对协同效应进行评估。其原因在于，这两项评估都依赖于对未来的预测。也就是说，只有当竞争对手十分现实，而我们比其乐观20%，或者我们十分现实，而竞争

对手比我们悲观20%时，我们才有可能赢得这项竞标。我们对自己的乐观或悲观都难以了解透彻，让我们去猜测竞标对手的想法更是难上加难，因此，面对一家能够创造比我们更高协同效应的竞争对手，我们最好不要提供更高的报价。

原则4：不要忘记学习成本和分散成本

计算收益的等式并不简单：

$$收益 = 协同效应 - 溢价成本$$

完整等式是：

$$收益 = 协同效应 - 溢价成本 - 学习成本 - 分散成本 - 交易成本$$

对新业务越不熟悉，学习成本就越高，因此多元化的投资决策往往不如核心业务的投资成功。学习成本很难预估，因为这些成本的发生，主要是由投资经理在陌生业务领域所犯的错误导致的。根据两位作者的经验，学习成本很少会低于目标公司价值的10%，如果是在陌生的业务领域，那么学习成本甚至可能高达目标公司价值的50%。

分散成本的产生，是由管理层对现有业务注意力的分散导致的。我们要评估每一项并购交易的分散成本。有多少位经理要参与到并购中？他们本来应该可以从事哪些工作？如果并购可能会极大地消耗现有业务的管理精力，那么就可能导致现有业务10%~30%的价值损失。

许多情况下，当投资经理对上述完整等式进行权衡时，如果学习成本的占比是10%，高额分散成本和交易成本的占比之和经常高于5%，那么，20%的协同收益很快就会损失殆尽。

原则 5：并购的收益要高于与并购对象成立合资企业或联营企业（如果可行）所带来的收益

根据完整等式进行计算后，较高的协同效应经常只能带来很低而且充满风险的收益，这时候成立合资企业或者联营企业可能会带来更高的协同效应。当目标公司决定出售时，上述风险更低的方案可能就不可行了。但不管怎样，我们都要对成立合资企业或者联营企业带来的收益（没有溢价成本，减去学习成本和更低的交易成本）是否更高进行评估，这一点十分重要。如果收益更高，那么最好就不要参与目标公司的竞价，而应当与其某一竞争对手组成联营企业。正如丹泽尔·兰金和彼得·豪森所说，并购通常是最后才采取的手段。

成功运用上述 5 条原则并非易事，应用这些原则会把大多数交易排除在外。活跃的投资经理通常会感到很不适应，他们经常抗辩说，这些原则太悲观了，或者对于那些无法通过"协同收益减溢价成本"进行评估的交易来说，总有很多客观原因。但是，这些原则的推导基础，是简单的逻辑和数理分析。如果对此视而不见，那么你就可能会遇到麻烦。

安德鲁·坎贝尔（Andrew Campbell）

阿什里奇战略管理中心董事

目录

1 基础介绍 1

导语 3
坏消息是，大多数并购都失败了 4
为成功并购做好规划 5
战略设计和并购规划阶段 5
并购目标估值 8
交易管理 13
整合管理 16
公司发展 18
把事情做对 20
结论 21

2 寻找目标 23

导语 25
并购调查 26
制定策略 27

确定并购对象的范围　30

考察潜在的目标　32

列出最终候选企业清单　35

进行接触　40

结论　46

3　初步谈判　47

导语　49

保密协议　49

并购意向书　52

并购意向书的执行　57

结论　59

4　与咨询顾问合作　61

导语　63

咨询顾问的类型及工作内容　63

引入咨询顾问之前的工作　66

何时引入咨询顾问　66

选择咨询顾问　67

咨询顾问团队　68

向咨询顾问简要说明情况　70

职责范围　71

费用　72

责任限制　73

任命咨询顾问　74
咨询顾问的日常管理　74
最终报告　75
结论　76

5　整合方案　79

导语　81
并购整合的黄金法则　81
整合计划　103
并购之后的回顾　112
结论　114

6　调查并购目标　115

导语　117
尽职调查　117
何时开展尽职调查　118
做好应对困难的准备工作　119
记住：目标企业总是有备而来　120
尽职调查的内容　126
谁来做尽职调查　128
我应该怎么做　129
找到合适的团队　130
其他需要注意的内容　132
商业尽职调查　133

IX

为什么要同时实施商业尽职调查和财务尽职调查　164

财务调查　165

法律调查　181

结论　186

7　估值　189

导语　191

估值不只是专家的工作　191

不存在单一的数值　192

估值过程总结　194

估值并非完全是建模　196

估值方法　198

结论　223

8　谈判　225

导语　227

基本要点　227

准备工作　229

开始谈判　239

控制局面　243

谈判对策　244

让步交换　250

折中妥协　252

应对加压手段　252

破解僵局　　254

肢体语言　　256

绿灯信号　　258

学会辨识并反馈信号　　258

无法实现双赢时应当如何操作　　259

结论　　260

⑨ 买卖协议　　263

导语　　265

协议为什么是必要的　　265

买卖协议　　267

保证和补偿　　282

交易达成之后　　291

合同中保证和补偿条款的替代性解决方案　　291

跨境交易涉及的问题　　292

结论　　292

附录 A　财务尽职调查清单　　293

附录 B　法律尽职调查问题清单　　301

1

ACQUISITION ESSENTIALS
A Step-by-step Guide to Smarter Deals

基础介绍

导语

并购是一个强有力的战略工具，不仅可以促进公司业务增长，而且能够推动公司转型升级。但是，面对运营、战略甚至财务问题，并购并不是快速的解决方式。正如我们将在本书中看到的，并购实际上是一项风险较高的业务活动。由于这些风险的存在，并购方需要注意，实施并购应当基于恰当的战略意图，并且在整个并购过程中都要小心翼翼。人们很容易把并购看作需要实现的目标。对于重要的复杂问题，人们习惯视而不见，认为这些问题不合时宜、枯燥无趣或者平凡无奇，而不做出恰当的回应。但当进行新机器安装或者新IT（信息技术）系统调试的时候，上面这种反应并不多见，在并购过程中，我们也应当如此，并购一家公司是一项引人瞩目的活动，交易与许多人息息相关，交易的实现还有赖于并购方的自我加压。我依旧记得，纽约一家大型投资银行的财务官对我们说，"这可真是一笔大买卖"，而当时我们刚刚发现，并购对象尚未购买责任险，每每想到这些，我就不寒而栗。

作为并购方，在交易达成之后的很长时间里，你不得不承受糟糕的并购交易带来的后果。为了把并购失败的可能性降到最低，你应当搞清楚，为什么那么多并购都失败了，并据此制订并购方案，以避免再次陷入那些显而易见的困境。

坏消息是，大多数并购都失败了

我们很难对并购成功与否进行精确的衡量，特别是考虑到并购后事项及管理行为，情况会更加扑朔迷离，这使对并购成败的衡量难上加难。正如表1.1所示，大量研究表明，大多数并购都失败了。

表1.1 并购结果调查

来源	样本	时间段	失败比例（%）	衡量指标
米歇尔/经济学人智库（Mitchell/EIU）	150	1988—1996年	70	不会再次购买（自我评估）
永道会计师事务所（Coppers&Lybrand）	125	1996年完成	66	收入、现金流、利润率
美世管理（Mercer Management）	215	1997年完成	48	3年之后，与行业指数相比的股价水平
麦肯锡公司（Mc Kinsey）	193	1990—1997年	65~70	行业特定指标
安达信会计师事务所（Arthur Andersen）	特定期间的大型并购	1994—1997年	44	没有具体阐明所用方法
博思艾伦汉密尔顿（Booz-Allen&Hamilton）	无	1997—1998年	53	没有具体阐明所用方法
安达信会计师事务所	31家科技、传媒和娱乐公司	2000年	63	负面影响：管理困境、偏离其他业务，等等
波士顿顾问集团索罗尔（Sirower BCG）	302	1995—2001年	61	相对于标普500指数的股票价格
科尔尼管理咨询公司（AT Kearny）	25 000	1998—2001年	50	相对于行业指数的股票价格
毕马威华振会计师事务所（KPMG）	122	2000—2001年	31	相对于行业指数的股票价格

注：调查表明，并购并非总能创造价值。

为成功并购做好规划

并购的成功,要求从最初的规划到业务整合完成之后的很长一段时间里,在并购流程的每个阶段都不能犯错。并购的5个关键阶段分别是:

- 战略设计和并购规划阶段。
- 并购目标估值阶段。
- 并购交易管理阶段。
- 整合管理阶段。
- 公司发展阶段。

每个阶段都有一些需要注意的事项。

战略设计和并购规划阶段

你是否有足够的资源进行并购

如果感冒了,你还会跑马拉松吗?显然不会。对于计划进行并购的公司来说,也是同样的道理。任何一家公司进行并购,必须具备坚实的基础。并购要耗费大量的管理精力和其他资源。现有业务必须运营良好,才能支持公司对另外一家公司进行并购整合。并购会分散公司对现有核心业务的注意力。例如,当收购数据公司(Digital)的时候,康柏公司(Compaq)核心电脑业务面临的竞争不断加剧,而数据公司当时也面临着激烈的竞争。合并双方虽努力整合,但其联合业绩表现平平。

你的策略正确吗

我们已经看到,并购实际上属于策略手段。这就意味着,在并购另外一家公司之前,并购方需要制定清晰的策略,确保并购能够为公司带来价值。举例来说,20世纪90年代美国电报电话公司(AT&T)希望可以分享信息科技和电话通信整合带来的便利,于是决定进军信息科技领域。1991年,公司以75亿美元的价格收购了NCR公司,后者被硬塞进美国电报电话公司的运营版图。两家公司的协同效应很差,更糟糕的是,NCR不是科技公司,而是一家收银机制造商,只不过碰巧使用了一定的信息技术。1995年,美国电报电话公司不得不将这家公司剥离出去,这笔交易的损失超过了35亿美元。

在网络泡沫时期,大量公司推行的策略都存在问题,其原因在于,这些公司既不明白网络的基本常识,也没搞清楚自己的业务性质,后一种情形显然让人备感意外。时代华纳公司(Time Warner's)与美国在线公司(AOL)的合并尤其引人关注。时代华纳公司的业务收入无法迅速增长,主要是因为它同时还拥有一家互联网服务提供商(ISP)。拥有合适的策略,意味着公司知道怎样才能通过并购提高业务价值,例如,公司可以通过增加营业收入或者削减营业成本来实现这一目标。针对不同的发展战略,表1.2对相应的并购策略进行了对比。

表1.2 并购策略对比

发展策略	并购策略	营业收入增长	定价改善	成本削减	举例
业务设立	小型并购	√√√√	√	√√	疗养院
业务整合	有选择地进行大型并购	√√	√√	√√√	制药行业、钢铁企业

续表

发展策略	并购策略	营业收入增长	定价改善	成本削减	举例
业务补充	有选择地进行大型并购	√√√	√√√√	√	沃达丰公司（Vodafone）/曼内斯曼公司（Mannesman）
业务铺展	小型初创公司并购	√√√√	×	√	咖啡店

注：衡量关键：能产生多大的价值。

×——√√√√代表从毫无成效到成效显著。

不要进行投机取巧式的并购

如果一家公司清醒地认识到，通过并购推动其业务增长是现实而明智的决策，那么如果现实中缺乏合适的并购对象，公司就会觉得深受打击。但仅仅因为有并购目标就进行并购，显然是实施并购最为蹩脚的理由之一。

兼并和收购（M&A）的经济学原理其实很简单。除非有无懈可击的内部信息，否则你最终所支付的成本，至少要比并购对象的实际价值高30%。因此，为了确保并购成功，你创造并购价值的能力，至少要等于所支付的溢价。为了做到这一点，你要对现状进行创新。面对碰巧冒出来的一家公司，你认为自己有能力做到这一点吗？有一家英国的大型机械公司，其财务总监十分沮丧地告诉我们，他们公司的并购策略是，"对于公司认为可以运作的并购对象，低价买入，整合失败，数年之后折价处理"，这让他对公司管理者失望之极，我们还记得听到这些话的时候，自己惊讶的表情。作为提出财务建议并负责执行的人，他的沮丧之情可想而知。

所有的连环并购方最终都会乱作一团。例如，20世纪80年代和90年代的国际电话电报公司（ITT）。当时该公司实施并购的业务范围十分广泛，从酒店到电话簿到泵机无所不包。但实际情况是，这种疯狂的并购交易并没有创造价值，公司变得臃肿不堪，随后由于其管理层没有充分利用公司的资产，缺乏统一的并购理念，公司付出了相应的代价。

20世纪90年代末，一些私募股权投资者进行了许多被动式投资：投资者根本不会停下来仔细考察，看一下其投资对象的详细情况。能多洁公司（Rentokil）向所在城市承诺，将实现20%的年度增长目标。之后其不断进行更大规模、更欠思考的并购行为。1996年，收购BET公司是能多洁公司失控的开始，因为它无法显著改善BET公司的业绩。

考虑替代方案

作为高风险的业务拓展方式，并购应被当作最后的手段。丰田公司（Toyota）通过并购雷克萨斯（Lexus），成功打入了豪华车市场。而福特公司（Ford）则与此相反，它为收购捷豹（Jaguar）支付了溢价，随后面临着高昂的整合成本，最终却发现，公司的单车成本大幅提高。一家致力于业务持续发展的公司，不应当太快做出判断，认为自己只有通过并购才能实现发展目标。公司必须仔细权衡并购带来的比较优势，包括速度的提升、范围的扩大以及得到的特定资产或专业技术，能否覆盖并购带来的风险。

并购目标估值

了解市场情况

对于自身及并购目标所在的市场情况，以及如何才能充分挖掘并购目标的经营潜力，并购方需要做好充分的准备。对于市场发展的动力、当前的情形、未来的潜力以及各家公司的盈利趋势，并购方要做到了然于胸。并购方经常会犯的一个错误是，其经常认为自己对市场形势十分熟悉，因为自己已经在这个市场打拼多年了。如果并购目标的业务性质与并购方类似，那么并购方的这种想法就可能十分致命。通过与巴亚社（Bayard Presse）组建合资企业，EMAP公司打入了法国出版市场，随后公司主要通过自身品牌进行推广，最终又收购了Editions Mondial这家领先的出版社。在这种经营策略的指导下，公司随后以9.32亿美元的价格收购了彼得森出版社（Peterson），以打开美国市场。公司对当地情况所知甚少，对自己的策略却信心爆棚，这笔交易最终酿成了一场灾难。

互联网投资者和传统商业投资者曾经并购了许多新型初创公司，它们实际上对市场存在严重的误判。对于新技术的影响，人们常常在短期内过分高估，但在长期内却过分低估。

搞清楚卖方出售的真实原因十分重要。卖方可能正面临市场中积累已久的严重问题。有些业务的发展潜力可能已经到顶，对于那些能够进行准确判断的企业家来说，情况更是如此。20世纪80年代初，作为TI德州仪器集团这家英国工程公司的子公司，雷诺兹公司（Reynolds Rings）收购了美国公司金五轮（King Fifth Wheel，简写为KFW）。雷诺兹公司制造发动机环，即喷气发动机的结构外壳，其采用的工艺流程是精密锻造。在这个过程中，要对一块特殊材料的长钢板进行加热，将其弯曲成环状，并在其结合部使用闪光对焊技术将其焊接起来。在接下来的几个月时间里，焊接成型的发动机环随后流转于多个分包机械厂，进行打孔、锻面和开凿处理，以便用于悬挂发动机的子系统和输油管道。雷诺兹的最大客户是英国喷气发动机制造商劳斯莱斯公司（Rolls-Royce）。金五轮也按照同样的方式，生产同样的产品。后者最大的客户是美国第二大喷气发动机制造商普惠公司（Pratt & Whitney）。

从表面上来看，两者的合并简直是天作之合。通过收购金五轮，雷诺兹可以大举进入其垂涎已久的美国市场，并使公司在美国和欧洲的竞争对手面前占据研发优势。在没有实施任何商业尽职调查的情况下，公司就完成了这笔交易。交易完成后，TI 坚持（在当天很晚的时候）要求雷诺兹拿出发展计划。雷诺兹派了一名员工去对美国市场进行调研。该员工在美国之行的第一站，就会见了普惠公司的研发主管。他很快就搞清楚，为什么金五轮和其他四家发动机环制造商都急于出售。市场上出现了新的技术，运用这种技术，大多数的锻造过程都能在事先完成，这将大幅节约成本和时间。

认识关键角色的重要性

公司有时候对少数关键人物存在很强的依赖性，比如公司创始人，他对公司的各复杂细节了如指掌；或者明星推销员，他"拥有"所有的重要客户协议；或者一位才华横溢的技师，他是公司新产品的主要推手。在这些情形下，要想成功完成并购，并购方就需要认识到，哪些人属于核心角色，自己应当采取哪些措施，才能在交易完成后成功挽留住这些人。并购目标可能很合适，但并购却经常失败，其原因就在于，并购方让主要的管理人员赚得盆满钵满，却没能留住关键员工。美国管理协会（American Management Association）的数据显示，在兼并或收购等重大变化之后的 90 天里，尽管那些表现最好的员工依然可以保住当前的工作，但仍有 25% 的人离职。在上面所举的发动机环的例子中，金五轮与普惠公司之间存在大量业务往来的主要原因之一，就在于金五轮总裁和普惠公司一位重要的副总裁之间保持着良好的个人关系。对他来说，并购完成之后，最终必将发生的一件事，就是自己走人，不管是被解雇还是主动离职。

认清并购目标的业务模式

了解市场形势是一回事,认清并购目标的业务模式是另一回事。作为并购方,对于并购对象的业务为什么会产生价值,你真正搞清楚了吗?同一个市场上,各家公司有不同的生财之道,赚钱原因也各不相同:就航空业来说,英国航空(British Airways)重视服务,瑞安航空(Ryanair)则靠价格;在计算机行业,戴尔(Dell)重视营销,而苹果(Apple)注重品质;地中海俱乐部靠打包服务赚钱,而度假酒店靠细节发家。这都是十分明显的例子,但对各家公司来说,它们之间的区别更加微妙。

并购方需要严格检验其最初的各项假设,并花时间去了解其并购目标的运作模式。这就意味着,要了解并购目标到底是如何产生收入的,其最丰厚的利润又从何而来。在这个分析过程中,并购方还要了解公司哪些业务是可以放弃的。公司的财务信息能够为你提供初步的指导,但并购方需要了解更多。并购对象为了实现其目标,可以通过哪种流程、动用哪些人力、调动哪些资源,搞清楚这个问题十分重要,因为如果做不到这一点,并购方可能就会做出不当调整,危及并购对象的业绩表现。如果对并购对象纳入新的联营企业的方式和程度没有进行透彻的评估,并购方就无法找到公司运营和业务盈利的途径。

尽早实现协同效应

在并购之初,并购方就需要仔细确认其希望实现的协同效应。从逻辑上来说应该这样,但现实往往并非如此。对并购的美好前景进行修饰,规划并购对象的未来业绩,使公司的电子试算表中的加总数一如预期,没有几个并购方能够抵挡这样的诱惑。公司面临的市场竞争十分激烈。

并购成本的合理性要靠协同效应来体现，因此，如果不能搞清楚协同效应从何而来、何时能够体现以及怎样才能创造协同效应，那么你又怎么能做好并购价格谈判呢？

并购方要根据证据、指标和直接的相关经验，来对协同效应进行预测，而不能仅仅依靠主观假设。成本节约的协同效应是最可靠的，该效应通常易于量化和实现，财务总监也会认可你对协同效应的加总。风险在于，因为不清楚公司的业务模式，你所采取的改善措施可能会损害公司的业务价值。以富国银行（Wells Fargo）这家美国银行为例，该银行收购了第一洲际银行（First Interstate Bancorp），看中的就是后者的高净值客户。富国银行采取协同效应措施（通过关闭分支机构以及降低服务水平），目的是压缩成本，对于公司原本预期实现的业务发展成果来说，这些措施简直就是一场灾难，其原因在于，对第一洲际银行的高净值客户来说，这并不是他们希望得到的服务。

销售增长的协同效应更难量化，也更难实现。各公司的销售团队并不总能进行良好的协作，从客户角度来看，对于刚刚并购了自己供应商的公司，他们并不见得会向其购买很多产品。在并购实例中，许多模拟出来的销售协同效应往往属于镜中花、水中月。但是，人们也许应该更加关注销售协同效应，因为大量证据表明，成本节约效应往往是暂时的，对一笔成功的并购来说，销售协同效应更加重要。[1]

在尽职调查中确定问题范围

尽职调查的主要目的之一，就是要确认问题范围并找到问题。费

---

[1] 例如，麦肯锡（2001年季报，第四期）指出，在并购中销量会下降，而且根据金融时报的说法，"大多数并购没有做到这一点，因为在整合期间，销售收入增长停滞，而整合完成之后也未恢复"（金融时报，2002年5月6日）。

南迪公司（Ferranti）原本是英国一家军工业巨头，如果不是仅仅听取了卖方的一面之词，听从了其管理层的说法，并参考了一份改头换面的审计报告，而是认真实施商业尽职调查（CDD），并与（实际上不存在的）客户进行沟通，那么这家公司就不会因为并购另外一家电子企业 ISC 而最终破产。英国联邦集团（British & Commonwealth）也受到大西洋电脑公司租赁责任事件的影响，而通过尽职调查进行适当的项目管理，原本可以避免这一问题。在并购 HFS 和 CUC 的过程中，由于没有进行财务尽职调查，圣达特集团（Cendant）搬起石头砸了自己的脚。

但尽职调查并不仅仅是发现问题。我们将在第 6 章（调查并购目标）中看到，尽职调查还可以用于发现并购所能产生的协同效应，对其进行量化，并在采取整合措施创造协同效应的过程中，发挥重要作用。在过去 20 年，随着并购方尽量避免再犯别人已经犯过的错误，尽职调查的质量已经有了大幅提升，但是仍然有人错误地把尽职调查视为并购交易中令人厌烦的一个环节。

交易管理

如果不能对交易流程实施有效管理，那么出现致命问题的风险就会提升。负责并购的团队要做好万全准备，时刻保持对并购流程和并购思路的把控。

合适的价格

其实，并购并不存在合适的价格的说法，并购方准备出多少钱，这家公司就值多少钱。这在卡夫公司（Kraft）收购吉百利（Cadbury）

的过程中体现得十分明显。2010年1月，吉百利接受了卡夫的最终报价，每股价格为830英镑。这个报价要比卡夫公司最初的每股745英镑高出了14%，而与2009年9月卡夫公司公布最初报价当天吉百利的股票交易价格相比，则整整高出了50%。

如今，公司财务顾问会努力让大多数公司通过拍卖的形式出售出去，让多家公司进行并购竞争。并购方须根据实际估值情况，设定一个离场价格。对有经验的并购方来说，它们的经历表明，即使因为价格谈不拢而离场，几年之后因同一笔交易可能又回到了谈判桌上。

不要泄露谈判信息

在谈判中，你可能赢得巨大利益，也可能遭受巨大损失。出售方愿意接受的条件与并购方希望付出的代价，存在巨大的现实差异，每位参与谈判的人对此都心知肚明。并购方应组建合适的谈判团队，认真做好准备工作，团队内部要做好良好的沟通，制定清晰的谈判策略。在最后的签字仪式上，除非全部细节已经谈妥，否则不要把其他管理人拉进来一起拍照向外界公布。不然另外一方可能会坐地起价，而你的同事也会越发失去耐心，想知道到底发生了什么。

做好准备

并购过程很少会一帆风顺。每笔交易都会面临特殊的困难和复杂的形势。对于不熟悉并购的人来说，这一过程所需要的时间、资源可能会让他们大吃一惊。在开始实施并购之前，并购方需要确定，并购所需的内外部程序和关系已经到位。如果内部审批尚未就绪，并购流程就可能受到拖累，从而导致竞争对手作为买方插进来，拉拢感到沮丧的并购目标。

并购方也要做好控制。尽管并购需要一位领军人物来推动并购进程，保证并购成功，但做好平衡控制也很重要。如果做不到这一点，急于达成交易的狂热情绪就可能占据主导地位，导致无论并购对象如何糟糕，都不会阻止并购的最终达成。

并购过程中的不利情况和各种问题并非都是由自身造成的。目标公司及其咨询顾问也可能会阻碍并购进程。例如，未提供信息备忘录中已有资料之外的后续资料，或者他们为企业出售设定了不切实际的时间表。对于自己不熟悉的普通术语，如果没有得到清楚的解释，卖方可能会大发脾气。因此，在进行准备工作时，一定要确保各方对流程的意见一致。

事先制订整合方案

本书贯彻始终的主题就是，作为并购方，不能等到驾车驶入并购对象的停车场，在走向接待处的路上才开始制订整合方案。这种做法是无法频繁上演的：如果在接手控制之前，并购方还不知道整合效益有哪些，也不知道如何才能取得整合效益，那么它根本就不应该发起这场并购。整合方案是创造价值的关键。创造价值要求并购方清楚地认识到公司的利润来源，更明确地说就是，认识到价值的创造主要依赖于公司的成本基数和销售收入。对于自己即将采取的措施，以及这些措施对公司成本基数、销售收入和营业利润的影响，并购方要有清醒的认识。当并购出现问题时，通常情况为，在一片极力希望达成交易的热潮中，人们把整合方案放到最后加以解决，甚至会忽略整合方案。例如，1994年，在公司的支线飞机业务出现问题后，极度渴望现金的英国宇航公司（BAE）将路虎以8亿英镑的价格出售给宝马公司。宝马公司收购路虎的原因在于，它希望拓展自己的四轮驱动越野汽车业务，同时也受到路虎这一著名品牌的吸引。遗憾的是，宝马公司在收购路虎汽车业务的同时，没有制订清晰的整合方案。对于路虎公司的长桥大排量车业务，宝马公司自始至终没有真正掌握，最后不得不于2000年将其出售给一个管理团队，该笔交易的损失预计约为41亿欧元。

整合管理

交易完成了。并购团队已经到达停车场。员工们开始东张西望，低声交谈起来。接下来是什么情况？并购时在表格里、纸板上以及方案中制定的目标，到了该兑现的时候了。对于那些交易之前确定的策略和谈判内容，以及在实施尽职调查时那些油嘴滑舌的咨询顾问口中天花乱坠的前景，你不要太放在心上，如果并购失败了，糟糕的整合管理才是最主要的原因。现在才是真正需要开展工作的时候。

要以10倍于你自己认为必要的频率进行沟通

并购方需要根据交易目标和并购业务的情况，事先定好沟通方案。这与简单的业务接管完全不同，后者只会带来压力，增加员工的不安全感，产生毫无根据的谣言，在这种情况下，人们很容易产生误解，谣言也会四处散播。例如，在食堂召开了一次部门会议。食堂摆了30把椅子，参会人员却有45个，这会让有些人联想到，部门有15个人是多余的。清晰、快速而持续的沟通十分必要。出售方可能会很高兴，但管理层、员工、客户、供应商及其他股东并不希望发生这种变化，他们都认为，最坏的情况即将发生。

对于关键信息，不仅要一遍遍地进行宣传，还要通过具体行动来强化人们的认知。但在并购之后进行沟通时，两个黄金原则是，不要过度宣传，也不要空头许诺。

从一开始就要确立明确的领导团队

并购整合要求有清晰、有力的领导。最高决策者只能有一个。这样，公司就只需指定一个人全权负责，并由其做出决策。英国钢铁（British Steel）和霍高文公司（Hoogovens）合并成为哥鲁氏集团（Corus），两家公司的合并很难成功，其原因就在于，哥鲁氏集团有两个最高决策者。与此类似，旅行者集团（The Travelers Group）和花旗集团（Citigroup）的合并也是一场灾难，因为有两个老板要共享管理权。更糟糕的是，公司略低一层的管理权同样要多头共享。公司应当根据人品和能力对工作职责进行分配，这并不是互惠互利和寻求共识的时候。

迅速做出改变

并购整合还有另外两个黄金原则，那就是既要做大业务，又要快速决策。速度和决断十分关键。人们都在期待变化，而在变化真正发生之前，各种不确定性会不断滋生。也许很难抉择，甚至会有错误出现，但相比举棋不定致使不确定性蔓延，尽快将各类重大变化落到实处无疑是个更好的选择。惠普公司（HP）和康柏公司（Compaq）做得不错，并购完成首日，公司即公布了1 500个高层的任命信息。

认识到合并的范围

随着整合进程的推进，很少会有并购方认为，自己充分了解了整合的范围。整合需要经验丰富的资深员工参与，需要制订详细的整合计划，对于超出预期的成本费用或管理支出，公司也要预先确定资金额度。与里昂信贷银行（Crédit Lyonnais）合并之后，法国农业信贷银行（Crédit Agricole）原本希望节约5.74亿欧元的成本，这一目标最终仅实现了一半。在分别并购了捷豹和路虎之后，福特公司和宝马公司的整合工作量也远超预期。玛莎百货（Marks & Spencer）并购了布鲁克斯兄弟公司（Brooks Brothers）之后，过了整整10年，公司才宣布并购取得了成功。并购整合很少会像最初预计的那样顺利。AMR国际公司的研究表明，理想的并购对象规模应该是并购方的5%~10%，因为只有这样的规模，并购方才有足够的资源来整合并购对象。①

公司发展

激动人心的并购完成了，因并购带来的短期满足感逐渐消退，并购之后要花100天左右的时间进行控制管理，在此之后，并购方面临着琐碎且艰苦的工作，即将并购带来的价值落到实处。两家公司必须整合成具有共同方向和共同认识的新机构。通常，完成这个过程要花3年多的时间。

确保做出的改变是合适的

确定了清晰的领导职责和沟通渠道，并具备了快速高效行动的能力，在满足这些条件之后，就需要思考，对于采取的措施能否真正提高并购对象的业务价值，并购方是否有清醒的认识。在并购过程中，如果采取"一刀切"或者"非此不可"的方法，那么最终可能会酿成一场灾难。例如，英美烟草公司（British American Tobacco）无法对非烟草机构进行有效管理，最终不得不放弃了这项业务。同样，英国公用事业公司（Utilities Services）私有化之后，涉足非监管业务，最终

---

① AMR并购信息库；丹泽尔·兰金，《收购失败》，由金融时报普林蒂斯出版社于2001年出版。

却发现，自己无法做出有价值的改变。

不要忽略文化差异

有效的整合要求员工通力协作。当存在文化冲突，或者并购方患上"赢家综合征"的时候，各种问题就会随之而来。处于同一个市场中的各家公司，其企业文化差异可能很大。我们可以看看英国航空公司和维珍集团的区别，然后再把瑞安航空加进来进行对比。不同的商业模式导致了公司文化的差异。国家差异也是导致文化差异的一个重要原因。

伴随整个并购过程的问题之一，就是并购属于律师和会计师的业务领域。律师和会计师善于处理合同、资产负债表等棘手问题。处理好文化和管理等柔性问题，能够极大地提高整合成功的可能性，因此也能够最大限度地为成功并购创造条件。

并购方需要理解公司文化的差异，并采取相应的措施。对于文化差异巨大的两家公司，无法将其捏在一起。以索尼和松下电器为例，它们在 20 世纪 90 年代初收购了加利福尼亚的电影制片厂，却根本无法与那些自由散漫惯了的制片经理们保持步调一致。

不要忽视客户

客户才是买单的人，但经常被放在次要位置，其原因在于，并购方往往陷入了内部重组的泥潭。公司忘记了，当听到自己的供应商被接管之后，客户通常并不会雀跃欢呼。同样，客户也不会一直等着，直到并购方出来解释，说公司新推出的神奇产品刚好能满足其需要。与此相反，客户会担心产品价格提高，或者出现更差的情况。然后，在这个时候，竞争对手的销售代表出现了，并与客户约定了见面时间。

在 20 世纪 90 年代，几乎每一笔制药企业的并购都导致了合并企业市场份额的下滑。在以 1.92 亿美元收购了 19 家小树林商店之后，

19

玛莎百货认为自己做得无可指摘，但却忽略了客户，这成为导致其销量下滑和市场份额缩减的原因之一。

并购方必须将客户置于并购交易的中心位置。因此，整合方案要契合客户需要。这就是说，要思考如何才能服务好客户，考虑派谁与客户进行沟通。即使还能按照同样的方式为客户提供服务，客户仍然有可能对所有权变化带来的好处持怀疑态度。如果联系方式发生变化，或者合同条款及服务条件有所改变，那么客户很快就会警觉起来，对于另一家服务商的接触，他们会采取更加开放的态度。

不要忽视核心业务

在并购过程中，管理层的注意力自然会转向被并购的业务。人们往往认为，原有核心业务一直在正常运转。在把资源分配到收购和整合其他业务板块的同时，只有在并购方对于自身业务运营有着清晰的规划时，才能出现人们预期的结果。

Airfix曾经是占市场主导地位的英国塑料模型工具制造商，因为把注意力全部放在并购业务上，而一手毁掉了公司盈利能力极强的核心业务。留下来管理原有核心业务的团队完全专注于产品本身，而没有进行创新。公司客户由此心怀不满，此时其竞争对手满足了这些需求，抢占了市场份额。对于那些放下原有业务，花时间去开拓其他更有"意思"的业务的经理们来说，他们需要确定的是，原有核心业务线的工作仍在继续。

把事情做对

并购过程中存在一个学习曲线。要善于思考，至少在最初的时候做到这一点，不断思考并做出交易决策，关注小规模的并购活动，着重考虑那些与公司核心业务类似的业务并购。最重要的是，要按照规划完备的策略实施并购。在开始近似于"孤注一掷"的交易行为之前，要认真研究历史经验。对于富有经验的并购方来说，要时刻留心那些大型、革命性的并购交易机会，因为这会是回报丰厚的并购。

结论

并购交易风险重重，其失败的原因多种多样。在现实中，大多数并购的失败，往往是一系列错误行动共同作用的结果。并购成功的基础条件有许多，要有正确的策略，要有关注细节的意愿，要有对交易的完美执行，在随后的整合过程中，还要按照事先定好的策略贯彻始终。这就意味着，要做好万全准备，采纳正确的建议，认真做好规划，准备好合适的资源。与此相伴的是强有力的管理团队和清晰的发展方向。

成功并购的收益是实实在在的。公司能够以适合自己的方式赚取利润，也能为合并后体量增大的并购方带来商业利益或战略优势。从得到最高评级的企业身上，我们可以发现这一点。几乎所有世界顶级公司的成功都少不了并购。但是，并购只是战略发展模式的一种，企业还可以选择合作经营、专利授权或经销合作、内生增长及破产处置等方式。

2

ACQUISITION ESSENTIALS
A Step-by-step Guide to Smarter Deals

寻找目标

导语

在并购一家公司时,你向所有者支付的价款,应当是该公司预计未来全部利润的现值。假设公司当前的所有者知道该公司未来将创造的利润额,如果你出价过低,那么他们就不会把公司卖给你。有时候,并购方进行了完美的并购,而更多的情况并非如此。很多时候,并购方把总数算错了,它们向公司所有者的报价,要高于其对公司价值的评估。因此,在并购之前,你必须认真思考,与公司当前所有者认为他们能够创造的价值相比,你如何才能更进一步。

1996 年,IBM(国际商业机器公司)以 7.43 亿美元的价格收购了 Tivoli 系统公司。当时,Tivoli 公司的销售额接近 5 000 万美元。许多评论员据此推断,IBM 出价过高。但仅过了不到一年的时间,IBM 就发布报告,Tivoli 公司的收入已接近 10 亿美元。与独立运营相比,Tivoli 公司显然对 IBM 公司有更高的价值。

之所以要开展一项并购,实际上只有 5 个合理的战略意图,具体见表 2.1。

但我们还能走得更远。相比成本节约型的并购,收入增长型的并购能够更好地带动销售业绩增长,因此更为现实,实际表现也更好。因此,关键问题是本次并购能为我们公司的现有业务带来哪些额外的价值?这意味着,对于一笔并购,如果你有清楚的想法,那么它在未来就能帮你把现有业务做得更好。并购并不是购买增长的业务。并购是为了推动业务的增长。

表2.1 并购方开展并购的合理战略意图

意图	战略目标
合理分配行业产能	通过减少行业产能来提高价格和降低成本,并通过提高市场份额、降低成本和取得规模效应来增强市场话语权
整合零散市场份额	通过在本地运营过程中实现规模效应,取得成本优势
推出新产品或进入新的业务领域	为了销售: • 向现有客户销售新产品。 • 将已有产品销售给新客户
作为研究开发的替代品	在技术领先企业发展的早期就将其纳入麾下,并利用优势资源迅速占据市场地位
开发新的业务领域	综合利用已有资源和并购资源,为在新的业务领域开展竞争做好准备,或者在一个行业边界日益模糊的领域继续展开竞争

并购调查

表2.2列示了典型的并购调查流程。对于5个阶段的具体内容,我们将在下面进行具体介绍。

表2.2 典型的并购调查流程

阶段	目标	结果	公司数量
战略规划	描绘并购方的战略	设计并购路线图,找准定位	N/A
广泛搜寻并购对象	使用最好的信息资源。确保所有的业务符合这一标准	全部并购对象的数据库	100~800

续表

阶段	目标	结果	公司数量
考察潜在的并购目标	利用互联网、案头调研和电话调研，对每家公司进行研究	快速浏览每一家并购对象与并购标准相关的主要信息	80~200
列出清单	以匿名的形式，通过进一步案头调研或会议的方式，与主要经理人和股东进行沟通	对合适的并购目标进行排序并列出清单，要清楚对哪些并购目标应进行进一步接触，采取哪些方式进行沟通	3~30
确定工作方法	与潜在并购对象见面交流。并购方亮明身份，并获取潜在并购对象的更多信息	愿意进行进一步沟通的公司	3~6
预沟通	协商出并购交易的大体轮廓	框架协议	1~3
尽职调查	深入了解并购目标	成功并购	每次一家

制定策略

首先，要制定详尽的并购策略。在列出合适的并购对象清单之前，要对企业未来的发展及所处的市场环境等一系列基本信息，有清楚的认识，具体见表2.3。

表2.3　并购方制定战略发展路线

措施	战略目标
细分市场	在开始考虑公司未来的发展之前，对于公司所处的市场环境或者希望进入的业务领域，我们必须有清醒的认识。要对市场进行战略性细分，将其按照客户类型进行明确的分组，从而确定市场的边界，如果不先做到这一点，那么其他一切都没有意义

续表

措施	战略目标
认清竞争优势和竞争劣势	在当前市场上，我们怎样才能： 为不同的客户群体提供其所需要的产品和服务？ 与主要对手展开竞争，为客户群体提供所需要的产品和服务？ 在发挥自身优势的同时，回避客户关注的弱点？ 预期市场如何变动
制定合适的战略发展路线（或多条路线）	**当前市场** 我们能提高服务能力，从而更好地服务客户吗？ ● 客户需求是如何变化的？ ● 对于公司欠缺的服务能力、产品或者存在的缺陷，是否需要公司加以重视并解决？ 是否存在更大的市场渗透空间？ ● 我们是否处于市场增长强劲的业务领域？如果不是，如何才能赢得业务？ ● 在其他引人关注的细分市场，公司处于什么位置？如果公司在当前市场的地位偏低，那么是否值得通过像增加资源投入以及/或者完善产品服务的方式，来开拓该项业务？如果需要这样做，那么内生发展与并购相比，哪一种方式更好？ **新市场/新产品** 面对新的市场，公司能否赢得业务竞争？ ● 公司的竞争优势在新的市场是否适用？ ● 潜在收益如何？ ● 如果值得投入，那么应当通过内生发展还是实施并购来发挥公司的竞争优势？ 公司是否可以开发并推出新产品？ ● 现有客户使用/重视的相关产品和服务有哪些，其中有哪些是公司无法提供的 ● 并购方的需求随着时间的变化会如何改变？公司的竞争优势是否适用于新产品？ 　- 潜在收益如何？ 　- 如果值得投入，那么应当通过内生发展还是实施并购来为客户提供新产品？ 　- 是否存在需要弥补的问题？ 　- 公司是否需要提升业务能力，投入更多的资源
竞争	市场竞争将如何演变

寻找目标 2

以战略眼光审视不同的发展规划后,可以对它们进行排序,根据市场机会的优先顺序,确定发展战略,选择更适合的业务增长方式(内生增长、并购、组建合营企业或合伙企业)。随后,我们就可以阐明并购目标,设定相关标准,确定最有发展前景的并购目标,并针对排名靠前的并购对象设计具体的并购路线。

并购标准

并购标准的设定不应过于复杂。实际上,并购标准越具体,效果越好。类似地,在购房过程中,如果你告诉房地产中介,希望购买刺槐大街15号的房产,他就会清楚地知道下一步应该怎么做。但是如果你希望拥有位于英国东南部的一套三居室半独立住宅,那么中介就会给你提供一份长长的备选清单,使你不知道从何选起。如果并购目标是设备管理公司,那么会有800家备选公司,最终可能不会有任何进展,而如果一家工程机械公司希望通过并购创造价值,并阐明了具体的并购要求,那么最终就会筛选出3家并购目标,随后达成交易。

并购标准由硬性要求和软性条件组成。硬性要求可以量化,如营业收入、员工数量等,软性条件则包括技术水平和企业文化等。去掉具有某一特点的并购目标,或者排除业务模式中含有不适合评估的某些特征的并购目标,通常很有价值。比如,不考虑非营利业务,不考虑合约出版商,或者不考虑汽车行业销售收入占比超过10%的公司。

表2.4列举了一些并购的标准,并按照硬性要求和软性条件进行了划分。

表2.4 并购方并购标准举例

硬性要求/财务指标	软性条件/经营管理
规模：营业额、职工人数	技术能力：产品、服务人员、资格认证
业务领域：产品、服务	客户：主要客户、行业细分
地域：坐落地点、产品市场	经营：实际业务活动、销售领域
设备：位置	价值增长的源泉：销售合约、专业技术、客户关系
公开信息	非公开信息

注：并购标准要与并购策略联系起来，标准应当简单明了，要关注财务报表之外的更多信息。

确定并购对象的范围

要确定潜在的并购目标，首先需要了解市场形势。从下面的案例中，我们可以了解如何做到这一点。

案例2.1 烹饪线上教学

一家超市集团与一所全国知名的厨师学校联系，希望能够为其客户提供线上烹饪教程。同时，厨师学校的所有者已经与当地的继续教育学院进行了沟通，就提供一系列非欧洲的烹饪模块进行了协商。他们认为，只要有合适的平台，这些烹饪模块就能出售给全国的继续教育机构，因为这些教育机构与当地的继续教育学院一样，同样面临资金限制。

尽管该厨师学校拥有众多来自各国的有经验的大厨，在课堂教学、产品采购、菜单设计以及菜品开发等方面也很擅长，但在进行线上烹饪教学上却抽不出时间，也没有技术，因此，学校决定尝试弥补这"缺失的一环"——数字技术。

对英国线上教学市场的初步分析表明,存在3类差异较大的细分市场,每个细分市场都有不同的参与主体,具体见表2.5。

表2.5 英国线上教学市场细分情况

	数字教学内容 定制内容	数字教学内容 标准内容	数字工具（如课程开发、营养分析）	其他（如培训课程、学员就业等）
客户基础	继续教育学院和企业	企业和继续教育学院	继续教育学院	继续教育学院
英国市场规模（百万英镑）	52	90	30	65
市场增长率（%）	12	12	30	10
市场主体	大约有25家,平均营业额为1 200万英镑,其中60%属于私有企业	大约有50家,平均营业额为700万英镑,其中90%为私有企业	大约有20家,平均营业额为2 000万英镑,其中50%为私有企业	大约有40家,平均营业额为900万英镑,其中75%为私有企业

在确定并购目标的过程中,了解市场形势是首先要做的重要一环。通常情况下,即使是有经验的并购方,也不了解并购目标的实际业务及其盈利模式,这确实令人感到惊讶。

由于数字化教学内容支持在线传播,该厨师学校自然希望开拓这个业务领域。定制产品供应商有自己的产品线,销售对象主要是企业客户,因此最合适的目标只能从标准化产品的供应商中寻找。根据这一理念,公司依据战略契合程度、市场地位和相关业务质量要求,对标准化产品的供应商进行了全面梳理。

考察潜在的目标

严肃认真的并购方会建立并购目标数据库,以此作为其并购考察和观测流程的一部分。针对细分市场或知名度不高的业务领域,这种方法特别有效。在某家公司尚未正式出售,并购方希望搜寻并了解这类公司时,这种方法也很合适,能够促成"甜心交易",避免通过拍卖的方式实施并购,具体如图2.1所示。

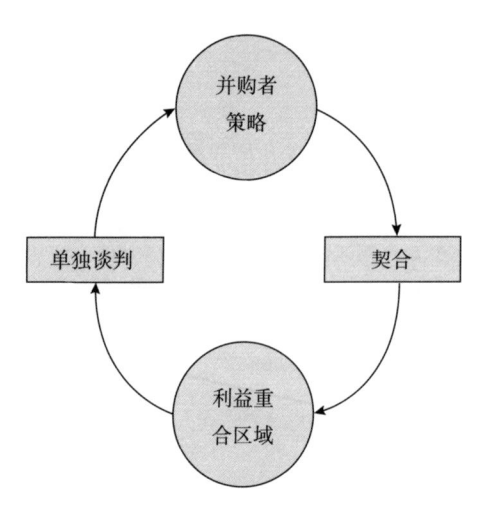

图2.1 并购方"甜心交易"的良性循环

利用系统规范的方法来搜寻合适的并购机会,能够有效防止错失良机。当与并购对象开始进行谈判时,这种方式取得的信息,还能在并购评估流程中作为切入点发挥作用。

有些并购方甚至利用其数据库作为谈判工具,让目标公司的所有者坚信,并购方还有一系列的其他选择,因此不太可能报出过高的价格。一家英国企业的董事长对其并购对象的胡作非为十分恼怒,重重地把并购研究报告摔到桌子上,大吼道:"如果这笔交易不能尽快达成,我手头上等着谈判的企业还多得是。"结果,这笔交易在数天之内就达成了。

系统调查的目标是为了确定:

- 并购方感兴趣的市场/细分市场中有哪些企业。
- 与并购方的并购标准相比,这些企业的契合程度有多高。
- 企业所有者是谁(独立的股东、经营者、母公司)。
- 是否可以对这些公司实施并购。

并购调查的优点之一,就是让你根据契合程度来选择并购对象,而非因并购对象的存在而对其实施并购。也就是说,并购调查要对所有的并购目标进行评估,判断其与公司并购策略和并购标准的符合程度。根据对每家并购目标及其竞争者进行的调查,得到口径一致的基本信息,这样对希望展开并购的并购方来说,它在做出决策、确定接触哪家公司,甚至进一步实施并购谈判时,至少有坚实的决策基础。当然,如果你决定继续接触,并对一家公司报价,那么就需要更多的细节信息。

制作并购目标的清单需要进行市场调研,这项工作需要付出的成本在很大程度上取决于想要并购的企业的特点。例如,如果并购调查局限于一个范围较小的市场,或者要对某个国家中营业额较高的公司进行调查,那么所涉及的企业数量就会比较有限。

构建数据库的调查人员可以从大量数据来源中获取信息。这些数据来源包括:

- 金融和公司数据库。
- 搜索引擎,会导向公司主页以及下面大部分数据来源。

- 贸易协会。
- 行业报告及指引（如今多为电子版）。
- 贸易展览指引/目录（现在大多有电子版）。
- 消费者指南。
- 财务调查。
- 已出版的市场报告［如弗罗斯特－沙利文（Frost Sullivan）调研报告］。
- 内部信息。
- 行业供应商和客户提供的信息。

调查后没有得出并购结论，就意味着当前没有合适的并购目标。公司可以对该行业的发展继续进行监测，同时将资源投入其他领域。例如，欧洲的工业陶瓷业经历了一段时期的整合，当时许多公司被收购，市场上只剩下几家大型独立公司。希望开展并购的并购方，由于已经与这几家公司建立了联系，就不用针对该行业再采取措施，而可以把资源投入其他领域。

在监测的业务领域中，如果随后出现了并购机会，因并购方已经对所有并购对象有所了解，因而可以迅速将目标企业与其同业对手进行比较。

利用外部帮助

在并购调查过程中，并购方可能拥有足够的资源，对行业有深入的了解，与业内公司保持着密切的联系，从而可以独立完成这项工作。如果不是这样，那么借助外部机构的工作就很有意义了，这样可以帮助其制定清晰的并购策略，组织实施结构检索，或者帮助加深对目标企业的了解。外部帮助能够充分发挥作用的情形包括：

寻找目标 2

- 并购方要在一个碎片化或不透明的市场中寻找并购目标。
- 并购方在不熟悉的市场中寻求并购目标。
- 对于一个看起来不错的并购目标,并购方希望加深了解,但没有足够的信息。

列出最终候选企业清单

在确定了并购目标之后,并购方必须确定值得进一步考虑的目标企业。这就要求对那一长串潜在目标进行排序。要做到这一点,需要收集足够的信息,然后才能做出明智的决策。从图2.2可以看到这一流程。

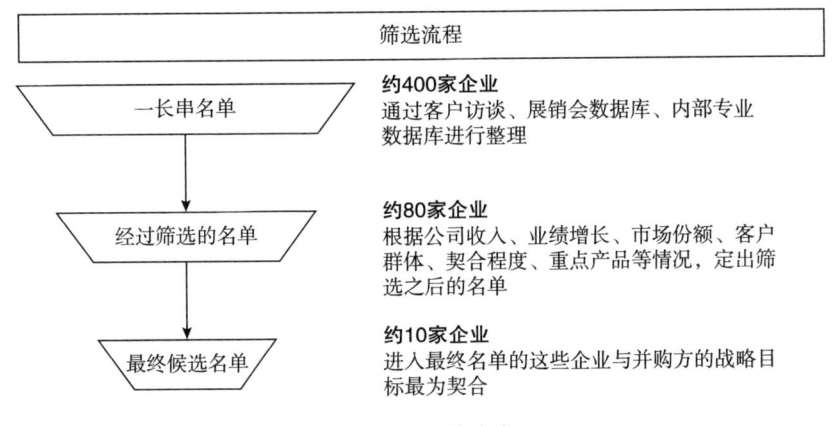

筛选流程

一长串名单 —— 约400家企业
通过客户访谈、展销会数据库、内部专业数据库进行整理

经过筛选的名单 —— 约80家企业
根据公司收入、业绩增长、市场份额、客户群体、契合程度、重点产品等情况,定出筛选之后的名单

最终候选名单 —— 约10家企业
进入最终名单的这些企业与并购方的战略目标最为契合

图2.2　清单筛选流程

咨询顾问的优势在于,利用专业提问技巧,他们能够从经营者那里获得有用的信息,而后者在直接面对并购方时,可能不愿意把这些信息全盘托出。通过面对面的交流,结合电话访谈、案头调研,就能够得到最为全面的信息。同时,咨询顾问也可以与股东进行交流,从而通过"匿名"的方式了解他们的想法。此外,如果交易达成,从事

调查的咨询顾问通常会把顾问费的绝大部分纳入囊中,当然他们还会因为自己所做的工作而收到固定的报酬。那些获得高比例提成的咨询顾问,更愿意推动交易达成,但辨别能力可能稍差;那些没有高额提成的咨询顾问,可能会有更多战略上的考虑。选择咨询顾问,不仅要考虑诚信水平,还要考察其职业能力。要确保咨询顾问使用的是原始的行业研究数据,其项目团队并非全由初级员工组成,并购企业坚持这些原则并非毫无意义。

搜寻并购目标的其他方法

除了通过调研建立目标企业数据库,并购方还能够通过许多其他方式来寻找或抓住投资机会。这些方式包括:

- 在公司内挖掘人脉和信息。
- 向介绍人说明并购概要。
- 进行广告宣传。
- 等待潜在的卖方主动接触。

上述任何一种方式都不是最好的。但这些方法可能都会起作用,这就是成功的并购方综合使用它们的原因。

在公司内挖掘人脉和信息

如果一家公司想要并购主要的竞争对手、供应商甚至客户,那么在公司内部就已经有很多信息可供挖掘。经营管理者了解行业内的竞争者,对于这些竞争者的管理层和部分股东,他们可能早已熟悉。经营管理者具有天然的优势,能提供并购对象的优势、劣势及与本公司的契合程度等相关信息。所有这些都有利于并购方的经营管理层简单直接地制订出针对并购目标的并购方案。

但这种方式也有先天的不足。业务经理可以了解竞争对手的缺陷，但由于以往与竞争对手的"生死搏杀"，他们的观点可能会过于主观。他们拥有的信息也可能早已过时，面对那些他们很少会接触的冷门业务时更是如此。最后，他们的看法可能更集中于操作层面而非战略层面。以买断的方式结束与对手的竞争，对于一名业务经理来说，没有比这个更激动人心的场景了。

在此提醒一句：在并购的狂热气氛中，要确保业务经理不会冒失地出头，做出未经授权的举动或报价。除非经过良好的培训，否则这些业务经理很可能会一无所获，或者使公司陷入尴尬的糟糕境地。曾经，有一家大型机械集团的首席执行官大发雷霆，就是因为业务经理极不明智，向一家公司报出了相当于其当前利润20倍的并购价，而这家公司甚至还没有通过该集团的审查流程，还没有被列为并购对象。

逐利企业的并购团队通常很善于找到机会，与其感兴趣的公司的股东进行接触。他们也总能找到潜在的合作渠道。利用内部信息的主要好处在于，如果能与适当的管理层搭上线，那么就能相对容易地营造一种氛围，推动与公司所有者的交流。随后该笔交易的达成，就依赖于与目标企业及其所有者建立联系，在公司层面和个人层面均如此。如果个人关系能够起作用，那么公司之间的利益互换就容易得多。当然，如果策略正确，目标合适，那么双方都能看到好处。至少可以通过会议介绍的方式表达出并购的意愿，如果股东决定出售公司，那么自己希望能够与其谈判。当公司要挂牌出售时，股东就会把并购的想法告知其财务顾问，随后双方就可以沿着这个思路展开进一步合作。

向介绍人说明并购概要

对并购方来说，要想见识尽可能多的相关并购交易，就需要与介绍人保持联系。这些介绍人包括投资银行、从事公司金融及筹资业务的大中型甚至小型会计师事务所、财富管理专家以及个人代理或咨询顾问。如今的介绍人更多的是某一业务领域的专家，而不是从事广泛领域交易的通才。

你要与自己信任的介绍人保持联系，实时把并购标准传达给他们，这样你就能在这些介绍人的名单中位居前列，当他们寻找买方的时候，你就能够进入他们的电话名单。对于邀请哪些人来考量一项待售业务，好的中介往往会精挑细选。

与介绍人保持联系，还能使并购方在面对一项尚未正式出售的业务时，从他们那里获得启发。例如，当讨论并购概要以及契合原因时，介绍人可能会根据对业务的了解以及与自己保持联系的公司的意图，提供相关建议。介绍人随后就可以启动促成交易的流程，如果需要，也可以采取"匿名"的方式来进行。

在向介绍人做自我推荐时，并购方应当确保让自己看起来是一个不错的选择。私人关系很重要，但介绍人还会就其他问题提问。大多数介绍人的工作都是要收取提成的（比如，只有在交易完成时，他们才能得到报酬），这就意味着，介绍人所关注的主要是你达成交易的能力。他们可能会思考如下问题：

- 并购方关于并购融资的想法是否现实？
- 并购方的并购策略是否严谨？
- 针对并购目标的报价是否可行？
- 并购是否得到了董事会的批准？
- 是否有达成交易所需的流程和资源？
- 是否准备向我支付介绍费（如果有的话）？

竞标

过于依赖介绍人也有不利之处,那就是在介绍人组织的控制性竞标中,你可能根本无法从那一大群并购方中脱颖而出。这意味着,介绍人可能会向你提供一些华而不实的模糊资料,并要求你出价,只有这样才能通过第一轮的初步筛选。随后,你可以接触目标企业的管理层,考察企业的设施并获得进一步的信息,从子虚乌有的到合乎情理的,但都是按照介绍人的管理进度提供的。

这些竞标是一种必要之恶,不适合胆小的人。按照竞标的内涵,成功的竞标者必然会付出高价。只有在你占据有利地位的时候,也就是说,你通过大量的研究可以得出结论说,你作为企业新的拥有者,确实能为其创造价值,只有在这种情况下,你参加竞标才是合适的。

广告宣传

除了特定行业的一些小型交易之外,对于想要发掘投资机会的公司,广告宣传并不是一种特别有效的方式。当然,有一些行业例外,比如零售和酒店行业,这些行业定期通过行业刊物进行售卖宣传。并购方可以搜寻这类广告信息,并对感兴趣的目标进行报价。除了这些行业的行业刊物,如果并购方还想从广告宣传中得到帮助,那么多半会失望而归。并购方会失望地发现,有些卖方并不是真想出售其业务,或者存在管理无序的情况。如果对于一项待售业务,企业财务部门没有进行广告宣传,那么可能是最不可靠的情况。

只有完全缺乏辨识能力、极度热衷投机取巧的并购方,才会通过广告搜寻并购对象。并购方会发现,广告带来的并购咨询往往并不可靠,也没什么吸引力。

等待潜在卖方主动接触

还有一种办法,那就是等待卖方主动接触。对于知名公司,或者在业内有着良好并购记录的企业,这种方式可能十分有效,但即使是十分有经验的并购方,也不会完全依赖这种方式,被动地等着机会送上门。对于知名度稍低的买方,如果希望坐等理想的机会上门,那么就得非常有耐心。

进行接触

并购方已经为候选企业排定了先后顺序,并针对每个并购对象拟定好投资方案,然后,就需要进行初步接触了。认真考虑一下,要与什么人进行接触,因为目标企业可能会有多位股东,其影响力各不相同。经验不足的并购方经常犯的一个错误,就是与总经理进行接触,而后者对出售本公司毫无兴趣,担心这会影响其工作职位。

潜在的买方早晚要介绍自己。买方亲自接触并购对象,尽管并不是强制要求,但对并购却很有帮助。只有进行了充分的准备,诚意十足的买方发出明确的信号,才能使双方的交流真诚可靠。假如双方的接触必须通过中介进行,那么客户亮明身份,或者承诺将在双方会议上亮明身份,将会大大提高双方进行首次会议交流的可能性。

如果并购目标与并购方同处一个市场,那么双方的管理层可能已经有过一些个人层面的接触,或者双方有共同的熟人,可以由他举荐。若非如此,双方的最初接触,一般通过向目标企业主要股东去函的方式进行,函件内容包括:

- 并购方有意进行并购。
- 根据公开信息分析，目标企业很有吸引力。
- 并购方已经筹集了并购所需资金，并取得了管理层批准。
- 如果目标企业感兴趣，希望能够进行初步的交流。

如果去函没有得到回复，那么随后就应当进行电话沟通。一家业绩良好的公司经常会收到来自潜在并购方的主动报价，而中介机构，即使没有潜在买方的委托，也会通过向企业发函的方式，希望能够探察企业的出售意愿，以此促成交易的达成并赚取中介费，这种情况人人都知道。此外，如果在企业一年之中最忙的时候，向其发函要求进行接触，那么这些函件极可能会被束之高阁。因此，如果没有得到回复，一定要继续跟进，但要确保自己并未越线，也不会被视为纠缠不清。这是一条相当需要拿捏的标准。

并购一家公司与获得一位客户十分类似。寄出邀请函并进行电话回访之后，你并不一定能够把产品推销出去，与此类似，一封简单的邀请函和回访电话，也不一定能为你带来一家准备就绪且愿意出售自身业务的企业。首次会面的主要目的是建立联系。在双方建立互信、达成默契和实现彼此尊重前，不会有什么实质性进展，而这并非一日之功。第一印象十分重要，进行第一次接触的方式，可能会决定随后能否取得丰硕的会谈成果，你可能会被断然拒绝，因此一定要做好充分准备。如果能够通过专业而灵活的方式，对并购业务背后隐藏的战略意图进行解释说明，对于像业务契合和文化共通性等协同效应和合作收益进行集中的阐述，那么对方就更有可能欣然接受。对于每个股东的背景和兴趣所在，你也要进行认真评估，这样才能确定谁最有可能接受你的观点，其原因又是什么。

即使并购意愿来自一位备受尊重的潜在并购方，双方的战略契合程度很高，在采取进一步行动之前，潜在的卖方还是会思考如下问题：

- 出售该业务是否是明智的退出之道？
- 出售该业务是否是最好的退出之道？
- 如果是，目前就出售这项业务是否合适？
- 将业务出售给这位买方是否合适？
- 是否还存在其他靠谱的买方？

因此，并购的探索期可能会花费数周甚至数月的时间。这些工作完成之后，并购方的目标是：

- 收集有关该企业的更多信息，进一步验证其价值。
- 说服卖方同意出售。
- 对于如何推动该并购进入下一阶段达成一致意见（初步谈判）。

如果探索期并未实现预期结果，那么就要继续保持接触（见案例2.2）。每家企业最终都会同意出售。并购方的目标是，当企业最终可以出售时，自己是第一个被通知的对象。

案例2.2　保持接触

一家英国的顶级工程钢材制造商发现，客户日益希望企业能够适时提供基础性的初级制造服务。这一方面能给企业带来附加价值，另一方面也会改变市场上高价值业务的市场均衡，因为在这个过程中，客户购买力越发集中在5个强有力的企业上。

> 该制造商决定收购其中一家企业。市场调查表明，事实上这5家企业中只有一家符合收购要求。这家企业是一家小型上市工业集团的子公司。制造商与这家企业的董事长进行了接触，结果被立即拒绝。但制造商依然与这家企业在各个层面保持联系，6个月之后，当这家工业集团决定把部分业务出售给一家法国公司时，后者对该集团的这项业务很感兴趣，此时，这家制造商就有机会实施并购了。

或者，如果两家企业高度契合，那么合并的念头就会逐渐成形。这种方式实施起来很有难度，但也并非毫无可能，比如，可以通过组建合营企业的方式，共同进入新的市场或业务领域。如若不然，还可以通过联合供应协议等，从供货商那里争取优惠价格，或者组建行业标准俱乐部来实现这一目标。这种方式的优势很明显，因为这两家企业成了天然的合作伙伴。此外，管理团队逐渐认识了彼此，对于共事的和谐程度，他们可以形成清晰的认识。评估的过程实际上已经开始了。

案例2.3是一个很好的例子，说明了这种方式在现实中的具体应用。

> **案例2.3　把合作倡议或联合经营作为并购的垫脚石**
>
> 励展博览集团（Reed Exhibitions）是世界顶级的贸易展览商，通过持续的并购，集团不断壮大。集团将巴西作为重要市场，立志有所作为，但发现面临德国企业和其他企业的激烈竞争，这些企业在当地已经建立了关系网，在市场上有很大的影响，其中最大的当

地企业当属阿尔坎特拉展览公司（Alcantara Machado）。励展集团发现，阿尔坎特拉展览公司的建筑贸易展览正处于困境，因此建议，该公司与励展集团在欧洲的拳头企业组成合营企业。励展集团为这家合营企业投入大量资源，推动其取得了良好的业绩。

这项合作成功后不久，阿尔坎特拉展览公司内部发生了纠纷，面临着分裂的风险。励展集团的优势地位使其获得了内幕信息，这些信息表明励展集团应该买下出现问题的一方，最终取得公司控制权。随后励展集团进一步发展壮大，5年之后通过行使期权的方式取得了公司的完全控制权。通过这些措施，在一个关键的市场中，励展集团把自己推到了行业的领头羊位置，企业价值超过1亿英镑。

案例2.4是一个并购调研的例子，这项调研是由一家咨询公司代替企业集团进行的，该集团通过战略措施，提高了其在液态废物行业的市场份额。由于英国废物管理行业即将进行整合，时间十分宝贵，公司要在高度分散的市场中积极寻求并购目标。

案例2.4　英国废物管理并购调研

并购方

水务公司，在液态废物运输、处理和处置方面有一定的经营能力。

目标

（1）针对每一个选定区域，研究其市场结构、发展前景、进入壁垒和市场机会。

（2）确定并购对象。

衡量指标

要根据以下指标来搜寻并购目标：

- 涉及工业废液运输业务。
- 涉及工业废液处理业务。
- 业务有盈利，或至少盈亏平衡。
- 企业最好由所有者进行管理。
- 拥有处理区域废物的授权，或者有担保准入权。
- 最小规模：拥有5辆运输车。
- 最好拥有制造业客户。
- 不涉及工业清洗业务。

方法

(1) 通过行业和当地企业名录以及与主要客户及监管者的沟通联系，对所有相关企业进行认定。

(2) 建立包括400家潜在并购企业的数据库。

(3) 与每家并购目标进行接触，确定其是否符合收购标准。

(4) 将不满足基本规模、生产能力以及服务标准的企业从并购目标中排除。

(5) 与并购方一起，对最初的候选人名单进行审查，并对并购目标进行排序。最终选定排名靠前的15家企业。

(6) 对于最合适的15家企业，与其股东和高管（两者经常重合）进行面对面的交流。通过这些交流，收集每一家并购目标企业详细的信息。对已经获取的信息进行再次验证，进一步更新每次业务重要的细节资料。确认每家公司的市场地位，对公司股东的想法，包括其与大型企业联合的意愿，进行认真调查。并购方在这个阶段依然隐居幕后。

(7) 并购方对调研结果进行研究。有 3 家公司因不适合作为并购目标而不予考虑（其中有一家公司坐落在一处废弃的矿井上，废水处理量超出其设备能力 5 倍之多）。

(8) 向 12 家目标企业的所有者进行介绍。每次介绍的方式都根据企业股东的情况和期望进行有针对性的调整。

结果

根据获取的信息以及与 12 家并购候选公司建立的联系，这 12 家并购候选公司被推荐给并购方，8 家企业选择进行谈判，2 家公司最终被收购。这些成绩是在一个高度竞争的市场环境中取得的，市场上有很多其他竞争主体，它们同时也在寻找机会进行市场整合。

此后，水务公司通过有机增长，不断发展壮大，同时，拥有了潜在并购对象信息数据库，公司可以对未来的市场机会进行评估，从而推动行业整合。

结论

有经验的并购方认为，寻找目标企业是并购业务中相对简单的一环。并购的秘诀在于，要把制定一个完善的业务发展规划作为并购的起点，把并购作为公司实现发展战略的工具。按照这一战略，实施并购的主要目的，不是让企业的业务迅速膨胀，而是让企业提高现有业务的发展质量。这有利于企业集中做好并购标准的设计工作，随后以其来搜寻和评价潜在的并购目标，为选择优先并购目标并与其建立联系打好基础。

3

ACQUISITION ESSENTIALS
A Step-by-step Guide to Smarter Deals

初步谈判

导语

并购过程中,在双方达成初步协议之前,通常有很长的一段路要走。协议内容主要取决于双方在谈判过程中的表现,但有些内容到最终的买卖协议签署之后才能确定。除了部分条款外,初步协议中的条款大多不具有强制约束力。为了避免自己不知不觉地受到初步协议的限制,你可能需要律师的帮助。

最常见的缔约前条款是保密协议和并购意向书,我们在本章中将对这些内容进行探讨。

保密协议

并购前的这段时间就像七重纱之舞一样。并购目标一点点露出它的真面目,这样并购方才能决定是否继续"追求"。由于不能保证并购交易一定会实现,信息披露得越多,出售方就越弱势。因此,尽管双方在谈判时应本着坦诚信任的原则,但出售方仍希望签署保密协议,以此规范双方的权利和义务。需要考虑和协商的内容如下。

应由谁签署保密协议

这个问题很简单。尽管并非总是如此，但通常情况下，保密协议只涉及两方——并购方和出售方。关键在于，如果并购方和出售方都是企业，那么整个公司都要受到保密协议的约束。保密协议有时会规定，每家公司中有哪些特定人员有权接收和发布相关信息。指定类似这样的人选，是双方进行信息交换的需要。此外，保密协议中几乎都有约束咨询顾问的相关条款，这类条款是并购方所需要的，因为这样可以让并购方把从出售方那里获得的信息传递给咨询顾问，而无须为此进行额外的单独谈判。咨询顾问所要做的，和并购方一样，同意受到同一保密协议的约束。

保密协议涉及哪些方面

对于保密协议涉及哪些信息，并购方需要进行认真的考虑。对手方自然希望保密协议的范围能够尽可能扩大，但举例来说，如果并购方和出售方在同一行业，在律师看来，并购方所在的企业已经涉及很多保密信息了。如果一些信息并不属于保密信息，那么出售方就不能指望人们对其进行保密，因此保密协议通常会列出一个清单，列举那些不需要包括的信息：

- 那些与本次并购无关的第三方可能会向公众透露的信息。
- 潜在并购方已经掌握的信息。
- 潜在并购方独立获得的信息。
- 从其他来源获取，没有使用或披露限制的信息。

此外，如果并购方知晓了保密信息，但监管机构要求其进行披露，那这样做不会被视为违反保密协议。为了应对这种通常概率很低的情况,保密协议一般规定,如果一方收到类似的披露要求,应当迅速通知另一方,以便其采取合适的应对措施。

保密期限有多长

保密协议应当有时间限制。并购方不能指望人们永远守口如瓶。此外,信息的价值也会很快缩水。通常情况下,保密期限为3～5年。

如果保密协议规定保密期限为不定期或者根本没有提及(这种情况并不常见),那么,此时保密期限的长短就要由相关法律来确定。在某些司法管辖区,比如法国法律规定,任何一方都能终止保密协议,没有时间限制,只要向另一方发出协议终止通知即可。这种情况很危险,因为提出终止协议的一方随后可能会把这些秘密资料向第三方披露。因此,保密协议中应当规定保密期限。

违反保密协议的后果

保密协议与意向书不同,协议以合同形式确定了双方必须遵守的规定。如果一方违反这些规定,那么另一方就有权起诉,对于所遭受的全部损失向对方索赔。法院会对损失进行判定,或者依据保密协议中的罚金条款来确定。

在实际情况中,很难证明一方违反了保密协议并给另一方造成了损失,也很难计算损失金额,这就可以解释,为什么由违反保密协议引起的诉讼案件十分少见。但这种情况的存在,并不能阻止律师对保密协议高度重视。保密协议的制定,可能需要在法律顾问之间拉锯,使得律师顾问费节节攀升。双方要对这种情况给予重视,并确定顾问服务到底为该项业务增加了多少价值。

并购意向书

并购意向书是初步谈判的另外一项内容。意向书有多种称谓，包括谅解备忘录、承诺函、临时合同、原则协议、框架协议、框架条款或者框架。并购意向书是一种书面协议，通常是当双方的沟通到了一定阶段，并购方希望进入下一阶段的尽职调查时，双方达成的意见共识。此时，在采取下一步行动之前，双方通常希望把各自的意图和预期正式记录下来。其目的在于，把双方已经达成共识的总体框架记录下来，在就交易细节进行谈判并最终完成并购交易之前，确定下一步谈判的基调。双方通常并不希望框架条款有过于严苛的约束力，因为此时他们还不想受到束缚，但与此同时，双方也都需要一定程度的保证，如此在实现交易的过程中，他们付出的时间和金钱才没有被浪费。这就是并购意向书的作用。因此，尽管没有强制约束力，并购意向书却能让双方都认真衡量各自的筹码，仔细考虑谈判的目标和方向。

因此，对于并购交易的最终结果，谈判负责人的作用十分关键，对谈判日程安排进行细致的思考也是很有必要的。从并购方的角度来看，下面列出的清单已经把涉及的主要问题包括在内，但顺序要根据当时的情况进行调整。相关议题包括下列清单的部分或全部内容：

- 自上次会议召开以来的最新情况。即使是在本阶段后期，也要说明可能会影响交易的信息变动，这一点十分重要。
- 确定包含哪些内容。有可能此时仍存在一些误解，比如，本次交易范围内的主要资产有哪些。
- 管理层将要购买的特定资产价格。这是谈判过程中必须涉及的一个敏感却必要的话题，而且也是并购价格的必要组成部分。

- 时间进度表。这是双方就时间进度达成一致的好机会。作为签订意向书的副产品，确定时间进度表还能为并购方获得各种资源、展开合作提供便利，从而有利于尽职调查的开展。双方都希望加快进度，但相对来说，出售方可能更为迫切。并购方要确保有充足的时间，把希望了解的内容都弄清楚，要拿出6周左右的时间进行尽职调查，这对咨询顾问来说已经足够，更重要的是，并购方可以吸收消化尽职调查的结果。除此之外，并购方可能还需要两周或更长的时间来进行谈判，并完成协议达成前的资产盘点等工作。
- 谈判期间双方的责任。例如，并购方希望能够与管理层和客户进行交流，以便做好尽职调查。
- 盈利能力支付计划和期限。很多情况下，双方对包含盈利能力支付计划的交易细节没有进行明确的说明。通过举例来说明盈利能力支付计划，确保各方都理解透彻，这一点十分重要。
- 退休金的转换。人们经常低估退休金问题的复杂程度。这一问题的解决需要足够的时间。交易完成后，对退休金的转换进行细化管理并最终定型，可能需要6~12个月的时间。
- 知识产权。如果并购的重要目的之一是获取知识产权，那么并购方应当确定相关知识产权确实归属于目标企业，而不是由公司的独立董事、承包商或其他的外部公司持有。
- 解除私人担保。公司董事常常为贷款或其他债务提供担保，这在私营企业中尤为普遍。并购方需要解除这些担保行为。
- 重大担保和赔偿。我们将在第9章对这个问题进行详细探讨。通过尽职调查列出的担保和赔偿清单，需要双方进一步协商。在这一阶段，重要的是要列出主要担保和可能面临的赔偿。
- 并购价格和对价。并购方通常会坚持，在本阶段把最终的交易价格、付款方式和付款时间确定下来。这些条款不应该是约束性的，只有这样，在尽职调查中突然发现某些不良情况时，并购方才有权削减并购成本，但也应说明，并购价格要由尽职调查的结果决定。

- 中止协议或排他期。并购方担心出售方可能与多个第三方进行并购谈判。如果双方签署了中止协议，即意味着出售方同意，在一定期间内不会与第三方进行并购谈判，这样能给并购方提供一个单纯的谈判环境。根据交易的复杂程度，这段期限为6~8周。框架条款表明，双方正就协议内容进行谈判。从这一条款的签订开始，并购方就要耗费时间和金钱，力求达成交易。如果对乐观的谈判结果未抱有充分的信心，那对并购方来说，其所耗费的时间、解决问题花费的成本都将毫无意义。尽管双方对此不能做出保证，但如果一方对此仍犹豫不决，那么交易成功的可能性显然就会低很多。多头谈判的存在，也会对并购方的议价能力造成负面影响。如果企业知道实际上是在进行竞价，那其谈判策略就会完全不同。从法律角度来看，出售方没有披露平行谈判情况的必要，因此中止协议得到了广泛应用，而作为并购方，一定要获取排他期。

- 秘密研发。当并购方与目标企业是同一行业的竞争对手，双方需要不断进行秘密研发时，如果并购交易失败，那么出售方就可能会宣称，并购方利用这次潜在交易剽窃目标企业的创意。并购方可能会被要求签署特定的协议，来应对这种情况，并构建起双方认可的争议解决流程。

- 约束条款。在框架条款中，双方可能会对各种约束条款进行协商。本章随后将会就此展开讨论。

并购意向书能舒缓并购双方的情绪，使其认为另一方对待这次并购交易是严肃认真的。但是，对并购业务的实际参与者来说，他们对并购意向书的优点和缺点的看法分歧很大，而这正是我们将要讨论的话题。

并购意向书的优点

并购意向书有三个确定的优点。

一是并购意向书能够加快交易进度，使双方更容易达成最终协议。

对于一笔拟实现的交易，双方就基本条款和框架协议达成了一致，这让双方都感到满意，认为在必然会到来的各项细节谈判中，它们也能够取得共识。并购意向书通常可以作为最终协议的"路标"。双方也可以用意向书来指导谈判进程。

二是并购意向书中包含的约束性条款，能够促进交易的达成。

并购意向书本身没什么约束力，但可能包含一些约束性条款，对双方达成最终协议具有重要作用。尽管双方也可以就相关条款进行单独的谈判，但签署并购意向书之后，双方就达成了基本的共识，更重要的是，双方只需要一套谈判流程就可以了。其中的内容通常包括：

- 保密条款。保密条款对并购方和出售方都具有约束力，对于交易过程中的相关信息、拟达成的交易条款，甚至是并购意向书的存在本身，双方都不能向第三方披露。这条规定也会在保密协议里有所体现。
- 中止条款。如前所述，中止条款要求，在并购方与出售方就并购最终合约进行谈判期间，并购参与方不得与第三方进行谈判或交易。
- 禁止招揽业务条款。为了进一步强化中止条款的效力，并购意向书可能会同时包括禁止招揽业务的条款，禁止出售方向第三方进行业务招揽、鼓励报价、谈判协商或提供信息等活动。
- 等价交换问题。对于交易最终达成之前需要满足的条件，双方在并购意向书中会进行明确规定。如果没有满足任何一项规定，那么毫无疑问双方需要保持原样。
- 各项费用。并购意向书可能还会规定，如果交易最终没有达成，哪一方将支付相关的费用和其他成本。通常情况下，双方将会自担成本，除非是一方突然或不正当地终止谈判，这种情况下，就会出现罚金，也就是人们所称的分手费。
- 负债补偿。在并购意向书中，最好包含负债补偿条款，规定对于一方为实现交易而可能承担的各项负债，由另一方进行补偿。
- 防御条款。并购意向书中可能也会包括一些防御条款，比如锁定期或解约费用，其目的是，如果由于第三方报价，本次交易未能实现，出售方应对并购方进行补偿。

三是并购意向书有助于财务融资。

如果并购方需要进行融资，并购意向书也可能会起一定作用。在对并购交易提供资金支持之前，银行或其他借款人通常希望参考并购意向书的内容。

并购意向书的缺点

并购意向书有三个主要缺点。

一是重新谈判的难度很大。

一旦双方就价格等交易的关键条款达成一致，那么对签署并购意向书的各方来说，随后对其进行重新协商的难度将会很大。

并购意向书中提及的所有价格都是预估的，其原因在于，各方还没有启动尽职调查。如前所述，并购意向书中应说明所提及的价格最终由尽职调查的结果决定。

二是双方围绕并购意向书的谈判可能会延误交易进程。

双方围绕并购意向书展开的谈判，可能会延误最终协议的签署。尤其是，当时间有限的时候，直接进行最终谈判，效果会更好。

此外，在各方实施尽职调查之前，进行并购意向书谈判可能会被证明是徒劳无功的。

三是并购意向书可能会引发始料未及的义务。

并购方和出售方都会因意向书的措辞而面临一定风险，那就会弄巧成拙，受到其之前认为没有约束力的条款的限制。

并购意向书的执行

起草并购意向书时，人们关注的主要问题应当是其可执行性。通常，出售方希望意向书的约束力尽可能强，而并购方则正好相反。

对于并购意向书到底是一份有约束力和执行力的合同，还是一份没有执行力、等待协商一致的协议，人们一直争论不休。答案是，这取决于你到底处于哪种法律环境之下。盎格鲁-撒克逊的并购参与者认为，除非各方特别约定，否则框架条款是没有约束力的等待协商的协议。而拿破仑法系则认为，即使双方意图并非如此，框架条款依然可能对双方具有法律约束力，其原因在于，欧洲法院为了确定协议的执行效力要衡量双方的意图以及协议的明确程度。欧洲法院通常会审视以下方面：

- 协议背景。
- 并购意向书中所用的语言。
- 双方的协商内容是否涉及复杂问题，通常这类问题需要以明确的书面形式记录下来。
- 双方对并购意向书条款各自的执行程度。
- 尚未解决的突出问题的规模和复杂程度。

因此，除了盎格鲁－撒克逊国家，如果交易双方不希望受到并购意向书的约束，那么在并购意向书中就要进行明确说明。要牢记以下内容：

- 并购意向书的介绍性部分要明确说明，该意向书是完全没有约束力的，还是同时包含了约束性和非约束性的规定。
- 把并购方称为"潜在的买方"，把出售方称为"潜在的卖方"，这种方法也很有用，能够突出交易的或有性质。
- 如果双方不希望条款具有约束力，那就要使用"或许"和"可能"等条件性用语。与此相仿，如果双方希望条款具有约束力，那就必须使用"将要"及"将会"等词汇。
- 在最终协议签署之前，双方一定要把所有需要解决的问题都列出来。
- 在结尾部分，要说明并购意向书通常并不具有约束力，但对于希望能够对各方构成约束的内容，要以数字标号并列示。为了进一步强调这一点，并购意向书中有约束力和不具约束力的条款应当分别表述。
- 除非明确是具有约束力的内容，否则双方签订并购意向书，并不能被视为潜在的买方或卖方将接受并购意向书内容约束的证据，说明这一点对双方都很有价值。
- 如果双方希望完全不受意向书内容的约束，那文件就应当尽量简短。为避免造成法庭的误解，事实上双方不应签署此类文件。

- 最后，我们还应注意，每笔并购交易都是独一无二的，因此一笔交易的特点，将决定其并购意向书的行文方式。

结论

本章揭示了在通向最终谈判的过程中所涉及的两份重要的文件：保密协议和并购意向书。两份文件可能很冗长，也可能很难达成一致。了解这些基本信息对于提高对并购交易的认识很有帮助。对于保密协议来说，其涉及的主要问题有：保密主体和保密内容有哪些？保密期限有多长？如果出现差错，被起诉的可能性有多大？而并购意向书的基本内容包括：双方是否希望签署并购意向书？如果希望，那并购意向书应包括哪些内容？双方对并购意向书的执行力有怎样的预期？

ACQUISITION ESSENTIALS
A Step-by-step Guide to Smarter Deals

与咨询顾问合作

导语

并购方并非必须借助咨询顾问的协助。它们之所以与咨询顾问合作，是因为咨询顾问的经验、专业技能、资源和客观性，能为并购方在复杂的战略并购过程中提供帮助，而这是大多数公司在常规经营活动中不曾拥有的。但要想充分发挥咨询顾问的作用，公司就要加强对合作的管理。

咨询顾问的类型及工作内容

对于并购方在并购过程的各个阶段可能会接触的咨询顾问，表4.1进行了详细列示。根据自身的经验、专业水平以及并购交易的复杂程度，并购方可能会需要其中部分或全部咨询顾问的协助。

业务咨询顾问协助公司制定业务发展策略，并购只是增强策略实施效果的一种战略工具。该策略提供了公司在确定并购目标时应遵从的逻辑框架。

在随后进行并购交易的大多数时间里，都有公司咨询顾问的身影。他们往往是受过专业培训的律师或会计师，拥有某些行业的专业知识，在启动和完成并购交易的过程中积累了丰富经验。他们的工作报酬，

表4.1 并购交易各个阶段所涉及的咨询顾问

阶段	所涉及的咨询顾问
制定并购策略	业务/营销/战略咨询顾问
并购调查	公司财务顾问 研究顾问
初步谈判	律师
整合计划	整合专家
并购目标调查	公司财务顾问 尽职调查专家
估值	公司财务顾问 会计师
买卖协议谈判	公司财务顾问 会计师 律师
并购结束	

通常是一小笔服务费加上成功酬金。成功酬金的存在，使他们有推动交易达成的强烈动力，而这种情形只有在交易有望达成的情况下才会出现。因此，对于那些可能性不大的并购交易，他们并没有实施并购调查的强烈动力。他们在并购对象调查中所起的作用，就像是项目经理或协调人在大型、复杂的交易中所起的作用一样不可或缺。在构建财务估值模型以及确定并购模式的过程中，他们都处于重要位置。在最终的并购谈判过程中，他们也是很好的合作伙伴，能够为并购提供支持，做出反馈，从不同的角度进行思考并提出建议。

并购研究顾问要清楚研究的提纲，了解并购双方将要开展的工作内容，并认清其对调研成果的具体要求。否则，尤其是在高度分散或难以调研的行业中，就存在调研结果不及预期的风险，即使是最好的情况，也只相当于"为我在英格兰的东南地区找到一套三居室的房子"。公司可以要求研究顾问负责某一项并购交易的研究工作，或者要求他们跟踪某一行业，在不断变化的市场环境中寻找并购目标。

在时间紧急的情况下，要想把对目标行业的单项调查做到位，对于已经确定的目标市场，就要对其中 1~2 家企业进行整体比较，或者要求确认市场中不存在公司尚不了解的潜在目标，这样才能把资源重新分配到其他方向。在其他情况下，潜在的并购方可能要求战略咨询顾问针对并购目标开展预先排除的尽职调查。这种方式十分有效，战略咨询顾问可以深入研究并购目标的发展潜力，并准确预测需要支付的并购价格，但只有在并购方有充分的理由相信并购切实可行的情况下，这种以成本为基础的调查才真正准确有效。

在初步谈判过程中，律师以及/或者公司财务顾问可以协助起草保密协议或者框架协议等文件，也可以在谈判过程中提供一般必要的帮助。

并购交易完成的时候，正是整合工作最需要协助的时候，但要想快速完成整合，就要在交易之初对此进行规划。如果在尽职调查之前就已经完成规划，那么相关的问题就能在尽职调查过程中得到解决。如果公司在并购完成之后准备聘用整合专家，那么最好在规划之初就将其引入进来。

大多数交易都涉及财务、法律和商业尽职调查。根据交易的特点，可能有许多专项顾问会参与进来，包括环境顾问、运营顾问、保险顾问和税收顾问等。

会计师和公司财务顾问都是经验丰富的业内专家，他们在并购估值阶段将充分体现出自身的价值。当然，这并不意味着并购估值仅仅是一项机械的以表格为主的财务活动。并购估值的内容远非如此。最重要的是，并购估值要同时考虑整合规划和尽职调查的结果。

最后，最终谈判可能是快节奏、高强度的苦差事。因此，寻求"朋友"的帮助是个不错的主意。基于并购方的信任，公司财务顾问、会计师和律师等人员都可以满足这项要求。

引入咨询顾问之前的工作

管理咨询顾问的工作与管理其他项目并没有什么不同。要预先制订计划，确定需要什么、谁能提供、何时需要以及具体形式。与咨询顾问合作之前的准备工作包括：

- 与那些最有可能参与并购以及受并购影响的各方，就并购内容尤其是尽职调查的内容进行讨论。
- 确保每人都清楚地知道，当前至并购完成期间将会涉及哪些程序，引入咨询顾问有哪些好处，公司希望咨询顾问能够提供哪些服务。
- 成立管理小组并指定组长，在并购过程中，组长拥有决策权。
- 确定谁将参与初步谈判。
- 确定谁将负责选择咨询顾问以及确定标准。
- 确定谁将负责与咨询顾问进行联系沟通。
- 确定公司希望以什么样的方式与咨询顾问保持联系。

何时引入咨询顾问

公司要给咨询顾问尽可能多的时间，同时尽可能早地把咨询顾问引入进来。即使并购交易尚未最终确定下来，引入咨询顾问依然是有价值的。他们可以开始制订计划，考虑成立并购工作小组，甚至开展一些背景调查。尽早引入咨询顾问，就可以尽早向其寻求建议。咨询顾问都是各自领域的资深专家，举例来说，公司在并购之初与他们一起研究职权范围所用的时间就是值得的。这会帮并购方确定自己需要什么、何时需要以及从何处获得帮助。但是，公司不应当：

- 在确定需要什么、从何处获得帮助之后，才启动与咨询顾问的沟通程序。
- 让咨询顾问决定工作的范围。

如果你很晚才引入咨询顾问，那么他们可能会漫天要价，因为他们知道自己有这样的能力。

要认真考虑引入咨询顾问工作的先后顺序，这一点很重要。如果公司有财务顾问，那从最开始就要把他们引入进来。法律顾问团队的要价可能很高，如果并购交易中还有问题悬而未决，那此时把他们引入进来意义不大。

选择咨询顾问

选择恰当的咨询顾问的最可靠方式是，找到主要的咨询机构，通过时间的积累与其咨询顾问建立个人关系。并购方要花时间与咨询顾问见面沟通，要向以前的客户咨询，准确判断咨询顾问的具体作用以及业绩表现。如果并购方能花时间与咨询顾问建立工作关系，那么咨询顾问就能更好地了解其业务模式和长期发展战略。

在选择咨询顾问的过程中，私人关系与专业能力和经验积累同样重要。诚实守信也应当作为重要的选择标准。并购方梦寐以求的是这样的咨询顾问：他们十分重视并购方的利益，而不仅仅是一味地推动交易达成，以便赚取咨询费用。

咨询顾问团队

尽管咨询公司的名声很重要，但咨询顾问团队成员的个人素质是最关键的。对并购方来说，在行业大萧条期间，它们希望能够能听到这些咨询顾问的金玉良言。在许多专业公司中，富有经验的高级合伙人在招揽业务之后，经常把具体工作分派给初级员工。并购方需要确定，为其提供咨询服务的是那些有经验的高级顾问。与咨询顾问团队见面沟通，以确认他们的经验水平，是一个不错的主意。并购方要注意咨询顾问团队的变动。在并购过程中，如果咨询顾问团队缺乏连续性，那么可能意味着，咨询公司为他们分配了其他更重要的工作，而安排初级的员工为当前的并购项目服务。与咨询顾问团队中的高级顾问沟通受阻则进一步印证了这种情况。

团队规模

团队规模应当维持在较小的水平。一个项目参与的人越多，信息就会越分散。这项要求与压缩项目时间之间存在冲突。较少的时间，通常意味着需要更多的人才能按时完成任务；而更多的人，则意味着更难达成广泛的共识。清单4.1列出了如何选择咨询顾问。

清单 4.1 选择咨询顾问

- 选择咨询顾问时,要制定选择标准。
- 向可能聘请的或感兴趣的咨询顾问说明以下情况:自己公司的详细信息、聘用咨询顾问的原因以及简要介绍。
- 要求咨询顾问提交初步建议以及对工作的规划。
- 要求提供参考资料并进行检查核对。
- 对最有希望的候选公司进行面试,具体内容包括:
  - 谁将负责这项工作,多少人会参与进来。
  - 项目成员的相关经验。
  - 工作进度表。
  - 预计费用。
  - 报酬是否与完成特定阶段的并购工作相关联。

并购方应确保与实施尽职调查的个人或团队当面沟通,他们将会是并购方的主要联系对象。

面试之后,并购方需要:

- 排除不合适的目标。
- 对那些合适的目标,比较其优点与缺点。
- 比较费用和时间进度。
- 对所有不清楚的问题进行确认。
- 对应试者真正的兴趣、责任感和专业能力进行评估。
- 在优点与缺点之间进行权衡。
- 确定哪些是你所喜欢的,哪些可以与其开展很好的合作。

向咨询顾问简要说明情况

除非充分了解情况,否则咨询顾问是无法在一知半解的情况下做出成绩的。清单4.2简要列出了他们需要了解的情况。

> **清单4.2 咨询顾问需要了解的情况**
> - 到目前为止的最新进度。
> - 还有哪些专业人员会参与此项交易。
> - 这些专业人员的时间进度和重点。
> - 并购方对未来的规划。
> - 并购的原因。
> - 并购方主要的担忧。
> - 可接受的风险水平/主要的限制。
> - 并购交易结构(举例来说,股权并购与资产并购的差别极大)。
> - 具体说明客户希望从这项交易中得到什么。
> - 时间表。

上述内容说明,对于并购早期所要做的工作,并购方要进行认真的思考。如果并购方已经对潜在的并购对象进行了适当的研究,对并购的原因进行了准确的评估,那么对于上述问题,并购方就会自然而然地得出答案。

在情况说明结束时,对咨询顾问进行测试不失为一个好主意,这样可以确定他们对并购是否有了准确全面的了解。如果他们并非并购方所在行业的专家，自然就有许多问题要提问。如果如此，那就是一个警告信号。如果咨询顾问声称，他们此前在该行业的工作，为其积累了一定的工作经验，那么，并购方要确认一下这些工作的适用程度，对团队成员而言更是如此。

职责范围

关于职责范围的确定，需要签署书面协议，这是并购方与咨询顾问合作过程中最重要的事项之一。并购方希望咨询顾问从事哪些工作、何时完成、调查到什么程度，这些都要以书面协议的形式确定下来。首先，并购方自然不希望为了对同一领域进行调查，而向两到三家咨询顾问支付费用。很多情况下，如果并购方不对各家咨询公司的工作范畴进行合理界定，他们就会复制其他人的工作成果，或者在其他人工作的基础上略加改进。其次，如果不对各位咨询顾问的工作进行合理统筹，那就很有可能会遗漏对某些领域的调查。

一份针对咨询顾问的书面委托书应当阐明：

- 将要开展的工作范围。对工作范围描述得不完整，常常是咨询顾问提供高质量报告的最大障碍。
- 对工作范围的明确划分，可能会指导一家咨询公司与另一家咨询公司密切配合开展工作。
- 咨询顾问对谁负有谨慎义务。
- 时间表。急于求成的时间表并不可取——如果压缩咨询顾问的工作时间，就限制了其进行深入思考，不利于其为公司提供有价值的意见和建议。

- 是否需要临时报告或成果展示。
- 费用，包括交易提前终止所需要的分手费。
- 咨询顾问报告的概要。
- 谁将负责这项工作。
- 保密条款。
- 报告成果权属。
- 成果可转让性。
- 责任保险（如果适用）。

费用

谈判费用需要预付，这使咨询顾问工作是基于固定费用展开的。由于很难预计某些业务所要花费的时间，这就需要咨询顾问做出合理预测，因此，除非是工作范围发生变动或者出现咨询顾问无法控制的情况，否则并购方不愿意提高服务费。如果出现上述两种情况，咨询顾问就需要说服并购方，有必要提高服务费。

一般来说，投入决定回报，对咨询顾问的选择，不应当过多地考虑费用问题。而对一家咨询公司来说，它会收取尽可能多的费用。讨价还价很有必要，与近期开展过并购交易的公司进行交流，看一下它们支付的费用水平（以及这些公司是否认为报价合理），这样做是很有价值的。

成功酬金在并购过程中十分常见。在这种情况下，咨询顾问所收取的具体费用要根据交易是否达成来确定。常见的约定是，如果交易没有达成，则在原有费用基础上打折，而如果交易达成，则会增加费用。费用围绕正常水平的波动幅度，由咨询顾问和并购方协商确定。

与公司财务顾问约定的成功酬金差别很大，从比正常水平略有浮动到相差一倍不止（比如，如果交易没有达成则维持原水平，如果交易达成则大幅提高）。尽管在交易没有达成的情况下，约定成功酬金是将成本最小化的一种很好的办法，但这也确实增大了咨询顾问过于积极地推动交易达成的可能性。

在某些情况下，只有交易达成，咨询顾问才会收费，此时收取的费用是交易金额的一定比例。这不仅让咨询顾问极力推动交易达成，还使他们产生一种不良的倾向，那就是可能会让并购方为并购对象付出更高的成本。当然，也有针对这一问题的解决之道，那就是基于设定的目标并购价，根据并购方节约的成本，对咨询顾问进行费用奖励。

目前，有关咨询顾问收费的资料相当稀缺。费用会随着交易规模的扩大而提高，但两者之间并非线性关系，因为与大规模并购相比，小规模并购的交易难度并不会成比例下降。根据历史经验粗略估计，整体费用大约是交易规模的5%。

责任限制

有些咨询顾问试图限制其责任范围。责任限制是指，在客户证实咨询顾问存在疏忽的情况下，后者试图限制自己承担责任的范围。不同公司责任限制的内容不同，实际上并非所有公司都会实施责任限制。

潜在的客户至少有充分的理由要求咨询顾问说明，为什么后者认为有必要对其责任进行限制。如果并购方对相关解释不满意，那就要明确地说出来，并可能要考虑其他咨询顾问。

任命咨询顾问

清单4.3列出了任命咨询顾问涉及的主要工作。

> **清单4.3　任命咨询顾问**
>
> - 起草并与咨询顾问签订合同。
> - 通知所有相关人员,就何时开展工作、谁将主要负责与咨询顾问联络等问题进行说明。
> - 尤其是对尽职调查来说,确认在需要时能够见到目标企业管理层,同时要考虑咨询顾问对目标企业的考察如何才能更好地保密。如果有过多企业会计师、公司财务人员或并购调查人员在访客名单上签字,那就注定会谣言四起。
> - 要做好专门安排(指定一名人员负责),为咨询顾问提供其所需要的信息资料、设备仪器和办公空间。
> - 确保有人负责统筹咨询顾问的信息需求。对同一事项或不相关的事项列出太多的问题清单,对并购调查而言不是一个好的开头。

咨询顾问的日常管理

公司聘用咨询顾问,看重的是他们的专业知识和意见建议。一方面,公司插手过多可能会适得其反。另一方面,只有适当的协调才能使咨询服务体现出最大的价值。第一,要鼓励咨询顾问尽量开展合作。例如，商业尽职调查小组可能希望与公司前客户进行交流。财务尽职调查小组很可能有多年之前的客户名单。第二，咨询顾问需要与公司所有的专业人员进行交流，比如税务人员。他们拥有巨大的优势，能够准确理解公司的业务模式，可以与专家找到共同语言。第三，应当有人负责确认调查不存在死角。存在的情况可能是，外部咨询顾问包括公司财务顾问、律师、会计师、投资人、环境专家、地产测量师、精算师以及专利/知识产权专家，也可能是同一类咨询顾问在不同国家开展调查。

在并购咨询流程的后期，有一点十分重要，那就是客户要认识到咨询顾问提出的各种问题以及咨询建议对公司业务的影响。曾经发生过一起重大的并购事故，其原因就在于，对于并购目标不断增长的债务水平，并购方没有给予足够的重视，尽管这一切通过尽职调查已经显露无余。

公司还要定期与咨询顾问进行交流，定期更新并购过程中的最新进展。谨慎考虑，至少可以使公司：

- 按照已确定的优先顺序，对近期变动情况进行交流。
- 在重大问题显现的过程中就将其识别出来。
- 确保所有咨询顾问的工作是协调一致的。

此外，通过定期举行内部会议，并购方可以对已发现问题的商业影响进行适当的评估，可以向咨询顾问提出问题并反馈建议，还可以确认需要进行进一步调查的领域。

最终报告

当需要最终报告的时候，并购方要明确阐明所需要的内容。咨询顾问比所有人都清楚，他们不会因为提供了过于详细的内容而被起诉。报告应当考虑客户使用的舒适度，并总结出执行概要。执行概要是报告中最重要的一章，因为这是许多读者最终实际阅读的唯一一章。

在发出报告之前，并购方应当：

- 检查报告的准确性和结论。
- 确认报告的内容、形式是否与自己的要求一致，并评估报告对决策制定的价值。
- 与咨询顾问就报告及其含义进行探讨，对于未达到约定要求的部分，要通过协商进行修改。

当一切就绪后，公司要求咨询顾问提供报告的书面版本。在咨询顾问提供报告的过程，公司可以有机会正面考察咨询顾问的表现，对于他们在报告中模棱两可的表述，可以要求他们提供确定的答案。这也是探知咨询顾问团队是否足够强大的机会。如果公司雇用了正确的咨询顾问团队，那么就会有一群拥有丰富经验的咨询顾问为公司工作，这些人经受了众多并购交易的艰苦磨炼，他们拥有的经验、知识，正是公司为他们支付费用的原因。

结论

公司要对咨询顾问实施积极的管理，只有这样他们才能体现出最大的价值。要仔细选择适合自己、适合并购项目的咨询顾问，这将有利于公司开展并购业务，但正如所有项目管理一样，积极的管理意味着，要确定公司需要什么、从何处、何时以及以何种方式取得，对于公司的整体目标及咨询顾问在实现公司目标中所起的作用，要向咨询顾问进行透彻的阐述，随后要对其咨询工作进行协调管理，确保各类咨询顾问的工作真正体现出价值。在并购早期就引入咨询顾问，是在规划之初就利用咨询顾问专业知识的一种好办法，而确保在调查阶段咨询顾问之间的合作配合，可以在提升工作效率的同时优化工作效果。

5

ACQUISITION ESSENTIALS
A Step-by-step Guide to Smarter Deals

整合方案

导语

把本章放在全书的这个部分，绝非偶然。在对并购进行了认真的思考之后，并购方随后要考虑的是整合。并购方绝不能等到并购协议签订之后，才考虑整合。无论并购策略如何完美，并购交易如何顺利，如果没有随后的整合规划，或者整合规划没有得到有效执行，那么这项并购交易绝不会成功。这些道理听上去很合理，但现实是，糟糕的整合是并购失败最主要的原因，而整合之所以执行不力，往往是由于人们的重视程度不够。此外，在并购交易中，尽管人们对其中的法律、财务和运营等问题投入了足够多的精力，但一个日趋明显的事实是，在并购引发的企业变动中，只有加强对人的管理，才能真正使一项并购交易的价值最大化。

并购整合的黄金法则

并购整合有五条黄金法则：

- 要尽早规划。在尽职调查之前，并购方就应该开始准备并购整合工作，并贯穿交易前的全过程。

- 一旦交易达成，并购方就要尽快采取行动。
- 并购方要把不确定性因素减少到最少。
- 并购方要管理得当。整合管理需要全职投入。
- 并购方要把柔性问题放在首位，与加强成本控制相比，柔性问题要重要得多。

在讨论整合规划及执行之前，我们将对上述法则进行一一阐述。

要尽早规划

在并购交易过程中，整合规划要趁早，其原因有三个：

- 就一项并购交易来说，如果对于在哪些领域、以何种方式来创造价值，你还没有明确的想法，那么尽早规划就可能使你看清楚，这项业务对自己到底有多大的价值。
- 交易完成之后的整合对于并购的成功至关重要，为整合规划收集信息的最好方式之一，就是尽职调查。在尽职调查过程中，要把整合与法律、会计放在同等重要的位置上，并确认清楚其涉及的问题。
- 整合要迅速。尽早规划意味着能尽早开始整合程序，推动并购尽快完成，及时展示并购的成效。

并购整合、企业估值与尽职调查之间的关系

合并企业的现金流依赖于其运作状况。因此，整合规划对企业估值有着直接的影响，如前所述，在尽职调查阶段，并购方要对并购企业预期的协同效应进行严格的测试和检验。并购协同效应被误判的可

能性很高。图 5.1 列出了整合规划、企业估值与尽职调查之间的关系。

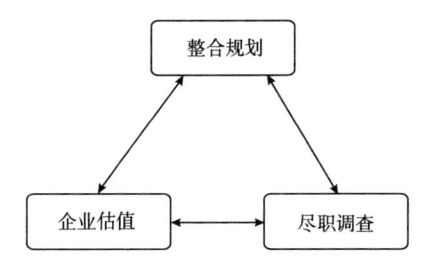

图 5.1 整合规划、企业估值与尽职调查之间的关系

并购交易完成之后的并购整合要解决对企业估值影响最大的问题。其中最重要的就是，找出能够产生协同效应的业务领域，考虑如何（以及何时）把协同效应发挥出来。

在并购交易完成之前，私募股权投资者要依靠其管理团队，制订详细的经营计划，其中就包括简洁高效的整合规划。关于并购交易对企业战略的贡献，所有的并购方都应当进行客观的评价。这反过来也可以为整合规划提供指引。

对于实施并购的主要原因，我们已经在表 2.1 中进行了说明，现在可以进一步将其扩展成表 5.1，从表 5.1 中我们可以看出，原因只有 5 个。

表 5.1 从战略角度考虑的并购原因

	战略目标	整合目标	整合面临的主要问题
合理分配产能	通过降低产量、提高产品价格，降低产品成本。市场份额的增加、产品成本的降低以及更大的规模效应，将使企业拥有更大的市场支配能力	加快产能的分配	系统和设备整合、客户维系
合并业内分散产能	通过集中运营创造规模效应，取得成本优势	系统、流程及后勤部门整合	客户维系、挽留关键员工

续表

战略目标	整合目标	整合面临的主要问题
进入新的市场或产品领域	把新产品销售给现有客户；把现有产品销售给新客户	赢得新的客户/进入新的市场领域	企业文化融合、客户维系
替代研发	在技术领先行企业发展的初级阶段将其收入囊中，利用优势资源迅速占据市场主导地位	确定整合的力度	人才流失
开拓新的业务领域	综合利用企业已有的和并购取得的资源，打造企业在新业务领域的竞争优势，或者在边界日益模糊的领域继续展开竞争	考虑如何整合、在哪些领域进行整合以及整合到什么程度	企业文化融合、技术配合

正如表5.1所示，企业对并购的原因和目标（买了什么和为什么买）都了然于胸，对于制定并购整合的总体框架是大有裨益的。尽职调查可以用于确定细节信息，特别是用于协助完成以下工作：

- 确定并购完成后的竞争优势以及如何利用这些优势。
- 把市场成长情况进行量化，明确增长的幅度和时间以及如何实现增长。
- 确定并购企业在多大程度上能将目标企业纳入现有的业务体系。
- 确定影响整合工作速度和走向的主要文化、结构或法律因素。
- 确定整合对企业经营提出的要求。
  - 机器设备升级所需的投资。
  - 系统变动及升级。
  - 物业及设施变动。
  - 人员变动。
  - 企业产品、供应商和客户的变动。

- 制订明确的管理方案以及相关的任务分工、资源投入、时间要求以及重要节点。

表5.1属于理想中的情形。通常情况下,整合过程还会面临生产经营和企业文化方面的障碍。

整合所面临的经营障碍

表5.2列出了整合所面临的一些主要经营障碍。

表5.2 并购整合所面临的经营障碍

障碍	点评
物理隔离程度	如果目标公司位于偏远地区,那么维持高于正常水平的独立运营可能是明智之举
销售渠道结构	如果目标公司通过独立的销售渠道成功地为客户提供服务,那保持这些渠道的独立性可能更为合理,至少在合并初期应当如此
技术类型	如果目标企业的技术与合并后的新企业存在较大差别,那么我们有充分的理由认为,至少要允许核心技术团队拥有一定的自主权
操作系统类型	与之类似,如果目标企业的操作系统(信息技术平台)较为复杂,并且与母公司的操作系统不兼容,那么保持两者功能的独立就很有必要,至少在短期内应如此。但显而易见,核心的报告系统应当协调匹配
高级管理层与股东的要求	在并购初期,交易结构设计(如盈利能力支付计划、少数股权等)可能具有一定的独立性。在进行并购价格谈判时要考虑这一点
法律限制	法律可能要求母公司不得经营特定业务,并保持较高的独立性
公共关系方面的考虑	在特定市场及特定行业,可能要考虑公共关系因素,保留被并购的品牌并保持独立的业务单元。同样也要把这个因素纳入并购价格谈判中

经营整合障碍会提高并购企业所面临的风险,甚至成为交易的破坏因素。在并购谈判过程中,如果并购方对整合障碍视而不见,那么就犯了大错,因为这些障碍很快就会成为并购企业真正面临的问题。

85

整合所面临的文化障碍

一个公司的文化,就是一系列理所当然的假设、被普遍认同的理念和被广泛接受的原则,它决定着企业的行为方式。公司文化绝不会以白纸黑字的形式存在,大多数人都很难说清楚,一家公司的企业文化到底是怎样的。但是,这些被广泛接受的原则和被普遍认同的理念却蕴含着强大的能量。如果并购方想当然地认为,目标企业的文化内涵与自己的别无二致,那就犯了一个大错误。莫里森(Morrisons)是一家大型食品零售商,在反思自己与西夫韦公司(Safeway)并购之后的表现时,着重强调了两者之间的文化冲突。玛莎百货公司与布鲁克斯兄弟公司的文化磨合花了整整十年时间。员工之间的文化差异也可能带来问题,戴姆勒·克莱斯勒公司(DCAG)就是一个例子。整合团队投入了大量的时间和资金,试图让员工理解美国文化和德国文化之间的差异,但公司真正的问题根源,似乎是管理理念和经营模式的差别。两家公司推崇的价值理念不同,薪酬体系不同,而最终对于如何进行产品推广,两家公司也存在很大的争议。

并购方要拿出时间,了解目标企业员工的个体表现及其在企业中的工作方式,这一点十分重要。随后管理者就能做出决策,确定企业文化的发展方向,同时对自己管理目标企业的方式做出调整。表5.3总结了需要评估的文化差异。

表5.3 需要评估的文化差异

领域	需要评估的文化差异
架构	责任界定和管理层设置是否差别很大
员工	是否需要很多人来完成类似的工作
技术	公司内部对技术进步是否不甚重视

续表

领域	需要评估的文化差异
（管理）风格	工作执行过程中的侧重点是否有所不同（按照一般的划分标准，是属于官僚型、集权型还是民主型）
共同价值理念	企业内部是否存在有关经营发展的共同价值理念？具体内容有哪些
制度	目标企业的招聘、评价、激励、培训和管理方式是否较为独特
报告	报告流程的规范程度、正式程度和财务程序如何

并购方要从多渠道收集信息，加深对重要问题的认识：

- 管理层访谈（如果可行）。
- 如果并购发生在新的国家或行业，则寻求相关专家的帮助。
- 商业文献和网站。
- 企业前雇员（如果可行的话，进行接触并开展尽职调查）。
- 客户（如果可行的话，进行接触并开展尽职调查）。
- 供应商（如果可行的话，进行接触并开展尽职调查）。
- 假扮顾客进行调查（以潜在顾客的身份进行接触，并分析反馈回来的信息）。

企业文化会反映企业的业务模式，因此在评估两种企业文化的同时，充分认识和思考两家企业业务模式的差异很有必要。

文化融合难以迅速实现，有时甚至根本不可行。另外，对于被并购企业的员工来说，面对"他们与我们不同"的看法，这些员工往往不太在意，相反，他们在意的是"并购方把他们的经营模式强加到我们身上，根本不听我们的看法"。如果把业务发展目标和经营决策强加到员工身上，过于强调利用这种方式来加强对新的被并购企业的掌控，可能会导致部分员工出现问题，而正是这些员工，其表现可能对并购交易的最终成功发挥重要的作用。尽管随着时间的推移，同一公司内部的员工会逐渐适应新的工作方式，但对我们来说，在一项并购上花费数月或数年时间，往往是不切实际的奢望。我们希望能尽快改变现状。这进一步要求我们集中注意力，只关注那些重要的以及短期内能产生重大影响的变动方面。

调整并购整合的节奏以适应双方的文化差异

如果并购目标的企业文化与并购方差异很大，将显著提高并购后的整合成本，或者影响合并企业的业绩表现。如果没有把被并购企业视为独立的业务单元区别对待，那么并购的风险也会随之提高。

并购方要认真评估文化差异的影响，并制定相应的对策。如果两家公司存在巨大的文化差异，则：

- 许多业务的整合步伐应当放缓。
- 并购方的管理层可能需要投入更多的时间。
- 可能需要降低并购整合的水平，至少在最初的 6~12 个月内应当如此。
- 除非在绝对必要的情况下，新的母公司都应详细说明，为什么要做出改变，而不能不加询问就强制推行。
- 公司可能要提高培训水平。
- 公司可能需要引入并推行各种标准化的操作流程。
- 公司可能需要追加额外的财务预算。

如果企业整合面临经营和文化方面的各种限制，那么就需要选择对目标企业的管理方式，可选择的管理方式包括：为目标企业运作提供更大的独立空间，仅实施局部整合，对其进行全面接管。

对于希望自己成为怎样的母公司，以及能容忍被并购企业独立运营到什么程度，并购方要有清醒的认识。表5.4列出了其面临的选择。

表5.4 整合程度

业务活动	整合程度		
	完全独立	局部整合	全面接管
预算	有效自治	明确指导	纳入公司整体发展战略
投资评估	对评估和出资进行原则性指导	除了部分小额投资，都要遵循公司的投资规定	所有投资都要遵循公司规定
人事	完全独立	大原则指导	遵循公司规定和流程
推广和销售	完全独立	在品牌、价格等关键领域，制定明确的指导原则	遵循公司规定
新产品开发	一定程度的协调	在关键领域要遵循明确的指导原则	遵循公司规定
供应商体系	没有统一的供应商名单	要确定主要供应商，对合同条款进行协商	要完全按照供应商名单进行采购，集中采购
信息技术	没有统一的平台	关键领域搭建统一平台	全部采用统一平台
法律框架	独立实体	体系趋同	体系一致

对大多数并购来说，理想的情形是实现完全的整合，尽管实现这一过程的速度往往受到特定因素的影响。里德国际（Reed International）和爱思唯尔科技公司（Elsevier Science）花了整整5年时间，才顺利整合成为里德-爱思唯尔公司（Reed Elsevier）。总体来说，整合程度越低，相关风险水平就越高。这些风险多种多样，从企业无法实现节约成本的目标，到两者在战略方向、投资、销售、营销及其他经营政策方面存在冲突等，洋洋洒洒不一而足。

不能等到并购快结束时才开始考虑整合。整合小组应当充分利用实施尽职调查的时间和取得的信息资源，制订合适的整合计划，把所需的行动方案准备到位，在并购结束后的第一天，立即开始执行。尽管已经控制了被并购企业，但并购方绝不应忘记，整合是一个事关双方的程序。并购企业并非完美无缺，而被并购企业的管理也绝非形同虚设。优秀的并购方应当知道，自己可以从被并购企业那里学到许多东西，而在整合政策执行和流程推进的过程中，绝不能让被并购企业的可取之处烟消云散。

一旦交易达成，并购方就要尽快采取行动

早在取得新业务之前，对于如何进行整合管理，并购企业应当做到心中有数。一旦把被并购企业握在手中，并购企业就应当立即将方案付诸行动。应当重视执行速度的原因包括：

- 需要迅速消除员工对未来的不确定性情绪（见下文）。
- 充分借助并购的势头，利用人们对不变革的期待。
- 需要安抚管理层回到原来的工作岗位上。
- 需要体现工作成果，尽快证明并购的价值。

对于可能会影响整合速度的各种因素，并购企业应当早已做过分析，并在整合规划中对其影响进行充分考虑。在任何一起并购中，有三方面内容需要尽早引起我们的重视：

- 要确保并购方取得完全的财务控制权。
- 要与被并购企业的所有股东进行有效沟通。
- 要对所有相关人员的预期进行管理。

并购方要把不确定性因素减少到最少

变化意味着不确定性。任何沟通方面的不到位，都会让员工对其未来产生不确定性情绪，而正是这种不确定性而非变化本身，导致了一些异常情况的出现，比如压力增大、对工作不满、对公司的信任和认同程度降低等。不确定性之所以存在，根源在于受到影响的相关人员有一定的预期，但对于这些预期是否能够实现则全然不知。他们最关注的是，"这会对我产生什么影响"等有关"我"的问题。对并购方来说，这意味着：

- 与出售方就未来发展策略达成一致。
- 尽早做出人事安排。
- 辨识出关键人才。
- 要进行公开坦诚的沟通，沟通次数应当比自认为需要的更多。

与出售方就未来发展策略达成一致

对于合并企业的经营策略和运行原则，如果并购方和出售方达成了一致意见，将减少员工对于各项业务管理的破坏性冲突、钩心斗角的行为和无所依从的混乱，从而极大地提升并购之后公司的业绩表现。

即使双方的文化兼容程度不高，依旧可以达成较为全面的共识。对被并购企业的员工来说，如果他们把并购交易看作拓展职业经历的机会，那么对于并购方施加于自身的管理风格，他们就能更好地适应和接受。

尽早做出人事安排

作为并购方，你应当坚信，自己能够把被并购企业经营得更好，并且渴望取得成功。要改善被并购企业的经营状况，你需要依赖某些人，对于这些人来说，他们首先关注的是：这对我有什么影响？并购意味着裁员，他们对此都心知肚明，因此你认为他们会关注哪些内容？一念至此，你认为他们随后能够为公司高效工作，为顾客微笑服务吗？人们都喜欢确定的东西。即使需要进行大规模裁员并关闭经营网点，最好的应对之策就是尽早宣布消息，然后迅速让他们辞职走人。千万不要拖延，根本就不存在发布此类消息的合适时机。消息宣布之后，至少每个人都知道自己的位置。精心细致地进行重组与缓慢零碎地进行渐进处置相比，在第一种情形下员工的表现会好得多，而后者只会让员工更加焦虑。

辨识出关键人才

关键人才或关键团队是指这样的一些人员，他们的离职会对公司产生重大不利影响。认为员工或团队作用关键的理由有很多，其中，公司失去这些人之后对业务产生的影响是最为重要的因素。这些人的离职对公司带来的影响有很多，例如具体可能造成以下资源的丧失：重要客户、重要的创新能力、核心产品与服务或者重要的项目管理经验。一旦辨识出了关键人才，公司就要找出挽留人才的关键因素，并制订相关的行动方案，从宏观（公司层面的人力资源政策）和微观（从经理到员工）两个层面采取具体措施。

例如，在宏观的公司层面上，管理层可能会认为，要充分认识到关键员工的重要作用，并把他们纳入合并企业的核心人才库。在微观层面上，管理层可能会考虑提高工资或奖金、提供更高的工作职位、更换更大的办公室、使其发挥更大作用或承担更多责任、安排更重要的项目、变更工作地点等。

坦诚沟通

从本质上来说,公司需要进行坦诚沟通。不要有什么秘而不宣和出其不意,也不用大肆宣扬和空头许诺。这意味着,公司要勇于承认"我们不知道"或者"我们还没最终决定"。

尽管并购方可能会不断地宣扬,公司未来的业务发展前景将会如何广阔,但绝非所有人都这么想。图5.2列出了一些利益相关者会关注的问题。

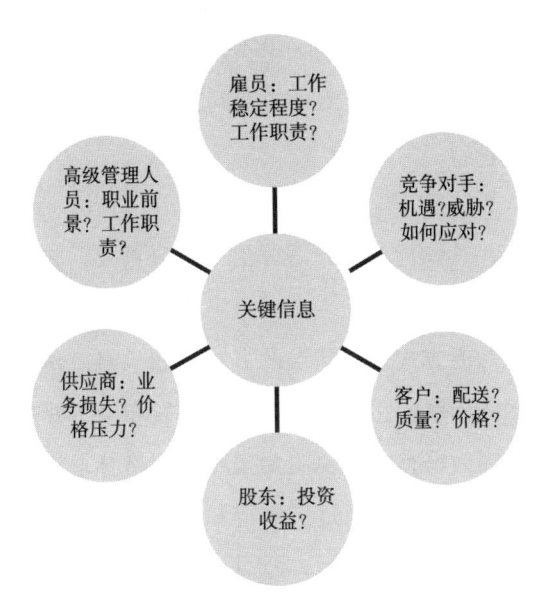

图5.2 利益相关方对同一关键信息的不同解读

这张图说明,与利益相关者的沟通是一个复杂的过程。公司要在关键信息上保持前后一致。在此基础上,针对不同的听众要进行不同的宣传。所有信息都要真实、准确,但也要根据具体听众的实际情况做出相应的调整。

最好的沟通应当做到：

- 尽早沟通，频繁沟通，避免沉默。
- 采取协调一致的方式进行沟通。
- 避免自相矛盾的信息，这会损害公司信誉，增加不确定性。
- 要指定专人或专门团队，集中负责沟通事宜。
- 针对不同人群的个性需求，要进行专门的信息沟通。
- 针对每位听众，采用最佳沟通方式、沟通用语和沟通语气。
- 听取受众反馈，建立双向的沟通渠道。
- 尽可能坦诚地回答问题，如果不知道，就要说不知道。
- 对于并购原因和并购导致的失业问题，要保持坦诚的态度。
- 澄清虚假谣言。

要始终牢记，具体行动和非语言信号十分重要，客观事实是证实书面信息的最好方式。

最差的信息沟通方式是以错误的方式发布信息。例如，一家英国公司忘记了时区的问题。它准备了一场新闻发布会，并禁止在上午之前发布消息，但因为没有具体说明要按照英国格林尼治时间，结果公司的亚洲员工在上班路上，通过广播得知了这起并购的消息。他们立即向其他国家的同事打电话询问，公司负责沟通的小组为此忙得焦头烂额。

不要忘记客户

不确定因素并不仅仅存在于公司内部。在自己的供应商被并购之后，客户不会傻站着毫无反应。他们可能会用挑剔的眼光，提出诸如"价格会提高吗？"和"配送情况会变化吗？"等问题。也不要忘了，竞争对手也会瞄准目标客户，希望并购让客户感到不安以使自己有机可乘。

不要忘记象征性符号的威力

有时候，把公司食堂粉刷一新就足够了。耀眼的成绩并不一定必须与重大成果相伴，事实上，重大成果通常要经过很长时间才能最终实现。

对于那些受到并购重组影响的人，要给予尊重，维护他们的尊严，这也会向外界发出强烈的信号。这是一种强有力的方式，传达出他们如今到底在一家什么样的公司工作。

并购方要管理得当

并购整合所能达到的速度和效率，是由双方企业文化兼容程度以及因此产生的文化氛围决定的，此外还受到并购管理方式的影响。

要实现对员工、产品、服务、运营、系统和流程的整合，是一项令人望而生畏的工作。为了尽可能提高效率，避免陷入停滞的泥潭，就需要并购整合尽可能标准化，通过指定领导者或领导小组，实施标准化、集中化的整合管理，并在部门和公司两个层面，对整合原则、整合工具、整合方法和整合流程进行标准化处理。最重要的是，在整合之初，所有人就应当清楚，这项并购交易所能创造的价值主要来源于哪些方面，并确定并购整合工作的先后顺序。最终，在公司的业务单元预算中，要把整合的协同效应目标包括在内。

是否应当指派一名整合经理

是的，应当指派。就像管理其他的大型项目一样，并购方也需要指定专人对项目的成败负责，如若不然就可能会产生项目延误、启动不当以及管理混乱等问题。并购整合是一项需要全职投入的工作。如果仅仅通过兼职的方式，比如由并购方的总经理或者相关分支机构的总经理代管，想要做好这项工作是不现实的。上述管理者手头有业务需要管理，此外他们还要处理一些紧急的日常问题。把整合工作托付给一些脑子灵光的MBA（工商管理硕士）也是不合适的，除非项目规模不大，并且结构化程度很高。作为一名整合经理，他应该备受尊敬，能左右逢源，了解行业情况，对于并购方十分熟悉，对公司的管理层满怀信心。其他需要具备的技能和特点包括：

- 项目管理的成功经验。
- 高效的人际交流技巧。
- 对文化差异的敏锐观察。
- 推动项目进展的能力。

理想的情况是，整合经理正处于自己职业生涯的黄金时期，具有广阔的眼界，同时对行业不断发展的业务动态保持开放的心态。整合经理要拥有决策制定权，能够对人力资源进行协调，可以把握整合工作的节奏。

实施高效的整合，需要制定详尽的目标，进行细致的检查。与大型复杂并购相比，小型并购和私募股权投资通常不需要那么多的整合工作，但是即使规模最小的单笔交易也需要相应的计划安排。整合工作应当围绕如何创造价值来展开。并购整合还需要列出清晰的非财务目标，比如搭建一套单独的财务报告系统或成立一支独立的销售团队。

整合经理的作用

需要对公司业务发展负起责任的，是总经理而非整合经理。整合经理的作用就像咨询顾问一样，需要对整合计划的制订和落实负责，最终实现整合目标。公司的员工很容易受到整合工作的影响，但管理层绝不能因此分散注意力。至少90%的公司管理人员要把注意力放在日常的业务经营上。

整合团队

与其他大型项目相比，并购整合并没有什么不同。并购整合有特定的目标，时间有限，面临财务和其他方面的限制，高度复杂且存在其他潜在风险，需要调动多领域的资源才能完成。因此，整合小组成员需要既具备项目管理经验，又具备经营运作能力。如果不具备上述经验和能力，那么并购方就需要考虑借助外部资源，比如引入咨询顾问或临时经理人等。要尽早选拔出核心管理人员。这样对于并购整合过程中所需的其他协助，他们就可以迅速做出决策。整合小组应当由具备不同经验技巧的人员构成，至少，部分组员应当具备并购和整合工作经验。

随着实施并购可能性的不断提高，并购企业对并购小组的支持力度也应不断增强。最好通过为现有并购小组额外增员的方式，来保持并购小组的连续性。并购所需额外资源的多少，取决于并购交易的复杂程度、战略重要程度和并购规模。以往经验表明，在较大规模的并购交易中，并购企业至少应当在以下六个方面分派人手：

- 人事。
- 市场营销。
- 生产/提供服务。
- 物流。
- 信息技术。
- 财务。

上述每一项内容都有具体的工作要求，应当把这些工作内容进行细化拆分，随后将其纳入整体的并购工作计划。如果上述内容听起来有点儿多，那我们应当记住，在很多情况下，人们往往低估了对资源的需求。对于应由自己创造的价值，整合小组要有清醒的认识。

如果并购企业需要外部协助，那么其可能需要付出高昂的代价，但我们应当时刻牢记，考虑到并购的整个成本，外部协助的成本无足轻重。更为高效迅速的并购整合所带来的收益，与并购小组增加部分内部或外部成员产生的支出，两者权衡起来，前者显然更为重要。如果试图与已有的资源混为一谈，那就是鼠目寸光，而且经常适得其反。

许多管理者并没有充分意识到并购工作量的巨大。想象一下，把两家规模、业务相近的公司整合在一起：财务部门、营销部门和研发部门各有两个，制造或零售网点也有两套，信息技术和国际业务差别巨大。并购所需的工作量绝对不小：通用电气（GE）和霍尼韦尔公司（Honeywell）的并购没有成功，两家公司合并涉及的全球员工数量超过50万名。此外，不同国家的差异、文化的不同、时区语言的差别等，更是进一步增加了并购的复杂程度，现在我们能更清楚地看到，为什么如此多的并购都失败了。

在20世纪90年代后期的并购浪潮中，大多数成功的巨额并购都引入了外部咨询机构，来推动并购执行，当时人们认为这是一种高超的技巧和独特的程序。此外，当时几乎没有哪家公司具备独立开展大型并购的经验。此外，许多公司还感到人手不足。并购完成之后，公司经常发现，即使有咨询顾问的协助，并购执行阶段仍然需要很多人手。在一家大型法国银行的并购过程中，成立了50个小组负责后期并购工作，每组有10名员工。这相当于全球有500名员工参与了并购执行，而这个数目还没有把外部咨询顾问考虑在内。

并购企业越来越多地利用内部资源来实施并购。对于这类很少发生的业务活动，公司为什么还要投入如此巨大的内部资源呢？从长期

整合方案 5

来看，与雇用外部咨询顾问所付出的成本相比，利用内部资源更为经济，因为在大型并购中，雇用前者的费用可能高达每月1 500万英镑。而且，利用内部资源还能使公司对并购流程进行更全面的控制。随着时间的积累，内部的并购技能可能会变得炉火纯青，公司未来实施类似交易时成功的概率就会大大提高。在某些情况下，并购执行能力甚至会成为公司竞争优势的来源。

尽管并不常见，潜在的并购企业可能会常设一个独立的并购执行团队，就像通用电气金融服务公司（GE Capital）那样。该团队以独立小组的形式存在，在需要时公司可以指派其负责并购整合工作。这种模式所费不菲，一般要经过一年多的时间，小组完成多起并购或其他项目之后，才能收回成本。但通过这种方式，公司通常可以确保并购整合得以迅速平稳地实现。

也有一些并购企业，如法国水泥生产商拉法基集团（Lafarge），拥有一个规模较小但独立存在的并购团队，仅由数名员工组成。该团队对公司的并购整合进行定期检查，并从同事或外部的专业咨询顾问中选择人员进行补充。通过让员工在各个并购项目上轮岗，整个公司的员工积累了并购经验，而不是只有很少的并购专家。

不管如何配备，从并购第一天开始，并购团队都要有足够多的并购专家坐镇。不要临时起意，随意增加人手。一旦团队成员到位，每位成员都要根据自己负责的特定业务，制订详细的项目方案。为此，对于自己需要做的工作，对于个人职责与并购整体目标的关系，项目成员都必须有清晰明确的认识。

因此，在资源结构配置合理的并购计划指导下，公司绝不会随意把毫无经验的人员塞到并购团队中。他们需要明白：

- 并购的原理及该项并购与公司发展战略的契合程度。

- 并购成功和失败的主要因素。
- 自己在整个并购团队中承担的具体角色,而这与并购的整体目标是如何联系起来的。
- 团队中还有哪些成员,从哪里寻求帮助。
- 完成并购任务之后可能得到的奖励。

排定工作的先后顺序

整合经理要承担总体责任,协调工作进度,妥善安排工作。具体工作包括:

- 与谈判团队就投资需求进行沟通,推动预定目标的实现。
- 就重大风险因素向尽职调查团队进行说明。
- 就工作内容和所需资源向高层进行简要汇报。
- 就整合计划的具体工作内容,对整合小组特定成员进行授权。

一旦计划制订完毕,整合经理就要决定,下一步应按照什么顺序开展哪些工作。正如大多数项目所验证的,80%的成果是由20%的主要工作换来的。因此,专注于能够在最短时间内产生最大财务效益的工作项目,可以产生以下两方面的优势:

- 这能够帮助公司取得早期的成绩。与众多高层管理人员的盲目乐观形成反差的是,双方员工的第一印象是并购很难成功。能够让双方改变看法的唯一因素,就是对看得见摸得着的成绩进行广泛宣传,这样才能让员工相信,并购前途一片光明。
- 在第一时间完成最为重要的工作,能够缩短并购整合的流程。

整合方案 5

并购企业过去早期往往十分注重削减成本，但事实证明，这项工作比预计的要困难得多。去掉重复业务、减少不必要的费用，这看起来十分简单，但企业最终会发现，这是一项复杂而长期的工作，需要从根本上对工作流程进行重新设计，对人力资源进行重新配置，同时还需要追加更多的投资来做好培训，噢，不止于此，对于上述所有工作，你还得指望由一群士气低落的员工来完成。

根据并购整合规模的不同，企业一定会存在不同程度的重复业务，公司内部每个人都会意识到这一点。处理这种局面的最好方式，是削减重复业务，然后致力于追求有利于企业发展的长期价值。不要单纯为了削减成本而把自己套牢，这仅仅是一时的成绩。而从另一个角度来说，价值增长才是长期发展之道。

准确报告

在并购之前和并购之后计划执行过程中的每一个阶段，整合经理都要借助信息系统的帮助，制定详细的检查清单，确保清单上的各项工作都顺利完成。有些整合经理可能会选择使用项目管理软件来实现这一目标。通过管理软件，整合经理可以将现金流、资源需求和资源约束结合起来，制订出连贯而完整的行动方案。通过制订连贯的项目计划，整合经理也可以为公司提供风险评估框架。

如果没有高质量的数据，那么是无法监测整合流程的。被并购公司需要迅速按照标准格式上报数据资料。

与尽职调查小组的重合

经验表明，效率最高的整合经理，当属那些在尽职调查小组承担工作任务的人员。

并购公司要指定专门团队负责整合工作，这一点十分重要。该团

101

队不能受其他经营工作的干扰。通过专注于整合工作，该团队可以：

- 对市场和公司实施调查，充分了解目标企业。
- 向尽职调查人员提出正确的问题。
- 思考并购之后需要解决的运营问题。
- 针对如何才能实现预期的价值增值，制订相应的计划。

通过详细了解了并购的运作机制和市场形势，该小组就能够对目标企业进行评价和估值。对目标企业的深入了解和洞察，还能够提高谈判团队的谈判筹码。

如果整合团队能旗开得胜，赢得被并购企业的支持，那么其随后就能够迅速进行整合，避免企业价值受损。

但也应当牢记，整合团队和谈判团队要相互协作，因为它们扮演的角色是不同的，整合经理的工作侧重点不同于谈判经理，其主要工作是协调性的，目标是建立互信，创造价值。这项工作不是对抗性的，当出现棘手问题时更是如此，而这与谈判团队的工作性质不同。图5.3列出了各自的工作侧重点。

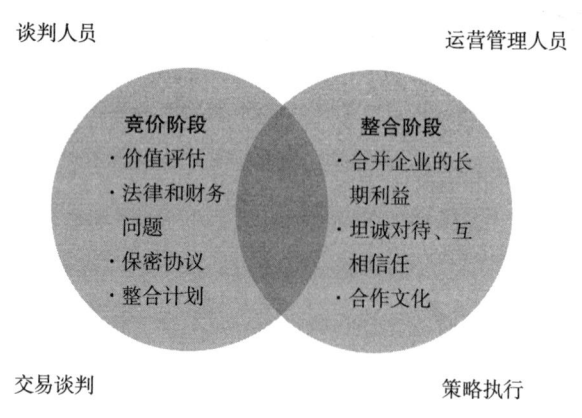

谈判人员　　　　　　　　运营管理人员

竞价阶段
- 价值评估
- 法律和财务问题
- 保密协议
- 整合计划

整合阶段
- 合并企业的长期利益
- 坦诚对待、互相信任
- 合作文化

交易谈判　　　　　　　　策略执行

图5.3　竞价和整合过程中的侧重点

并购完成后，目标企业可能会有更多员工加入整合小组。这要根据对被并购企业管理团队及人力资源的评估情况来确定，评估是第一周工作内容的一部分（见本章后面的内容）。并购计划一定要为最坏的情况做好准备：在并购完成之后的短时间内，被并购企业几乎没有合适的经理人员可以承担重要的整合任务。

柔性问题最为重要

要对公司并购实施管理，在合并前的调查过程中，在两家企业文化契合等问题上所投入的精力，至少要与在战略匹配问题上投入的精力相当。并购企业通常难以发现，两家企业的文化差异会给并购带来重大障碍。并购企业往往也很难接受，文化隔阂问题一拖再拖，不能得到快速或简单的解决。

让员工通力合作

克服文化障碍的最好方式，就是让员工通力合作来解决问题。如果能够让两家公司的员工合作完成一些短期项目，快速创造业务价值，就能推动双方文化的融合。员工如果能够介入并参与并购，就会受到激励，获得更高的工作满意度，并激发出对公司的奉献精神。与那些只是间接参与的员工相比，直接参与并购的员工会展现出更强的认同感。不能仅借助沟通专家的工作，要让经理们参与沟通，因为他们不仅是口头上说说，还能够亲自参与对话。

整合计划

总体而言，整合计划分为三个阶段，如表5.5所示。

表 5.5　整合计划

阶段	活动
第一天/第一周	对于并购整合所涉及的紧急事项,要与员工和其他利益相关者进行清楚的沟通,确保主要的控制措施能得到平稳有效的实施
100 天	对经营活动和人事问题的所有重要变化进行介绍
一年	对需要额外实施的程序和人力资源及业务发展远期规划进行介绍

第一天

并购完成之后的第一天十分关键。第一天,并购方要做好计划,完成一系列重要举措,并在日终对各项任务的进度进行检查。第一天并购方制定的柔性目标和硬性目标包括:

- 取得控制权。
- 证明并购方认真负责的态度。
- 表明并购方是重视目标企业的。
- 赢得新员工的衷心拥护。
- 对于下一步将如何发展,给出清晰的指示。

同时,从第一天开始,并购方就得发挥并购的作用。这就意味着,对并购之后规模扩张的新企业而言,要确保这项新的并购业务即将为自己创造价值。第一天所采取的措施,将会对重要的有形资产和无形资产产生影响,包括:

- 人员。
- 知识产权。
- 房屋。

- 供应商。
- 产品。
- 厂房。
- 客户。

第一天，每位并购小组成员都要有清晰的工作目标。并购方需要严格按照并购后的计划开展工作。没有时间讨论需要做些什么，因为在并购之前，已经对这些问题进行过规划、讨论和检查。并购方需要迅速、冷静而又系统地采取行动。

第一天的沟通

对于第一天要公布的事项和对未来发展的解读，最好的方式当属个人交流，也就是通过召开个人或集体会议的形式进行。为此要准备好有价值的文件资料。最好是对并购企业的特点进行详细描述，说明对被并购企业尤其是普通员工到底会产生什么影响。此外，对于一些基本的信息资料，并购企业要准备足够的复印件，比如：

- 公司网址。
- 公司年度报表。
- 公司退休金计划的条款和条件。
- 相关标准经营程序。

一旦清楚了公司的未来发展策略、政策规定和相关流程，被并购企业员工的疑虑就会逐渐消退。

对于显而易见的问题要做好准备

对于一起并购交易，相关的疑虑将会围绕"我"的问题体现出来，比如：

- 并购企业还会继续雇用我吗？
- 我还会与原同事一起在原部门继续工作吗？
- 我的工作量是否会增加？
- 会有新主管来管我吗？
- 我的各项待遇会保持不变吗？
- 我未来的待遇水平会更好还是更差？
- 我的长期职业发展会变好还是变差？
- 我的职位会变动吗？
- 我的生活方式会发生变化吗？

随着并购交易从初步计划到最终完成，上述问题背后的各种疑问和情绪波动也会发生变化。各种常见情绪如表5.6所示。

表5.6　并购完成初期常见的员工情绪及管理对策

事件/措施	员工情绪	避免极端情况的出现
交易规划		形成对企业文化、员工诉求和轻重缓急的认识 避免谣言散播
发布消息	啊！我们被并购了	迅速向所有人进行清晰有效的沟通
消息消化	这对我有什么影响	确保正确的信息确实已经传达给所有人
第一个周一	如今会发生什么	说明初期的影响和变动

续表

事件/措施	员工情绪	避免极端情况的出现
阐明经营意图	这项变化对我有利吗？未来这真会发生吗	了解可能产生的影响，认清事物发展面临的障碍
第一项措施	这就是/不是他们（正式）宣布会采取的措施	通过前后一致的表现与员工建立互信
第一个经营问题	我不喜欢这样……原来不是这样的	迅速解决问题，让员工相信这类问题不会再次发生

如果并购企业不能采取迅速且前后一致的措施，那么两家企业的员工就会变得日益浮躁。他们会变得更关注自己当前的状况，并在一些毫无意义的事情上消磨时间，比如：

- 散播谣言并打听其他人的小道消息。
- 更加关注公司的风吹草动及近期新闻。
- 寻找新的工作。

并购可能会造成关键员工离职，引起生产效率的下降。在20世纪90年代医药行业的并购浪潮中，被并购企业的大量高级经理离职。我们需要记住，替代关键员工所产生的实际成本，占首年工资的很大比例。这考虑了重新招聘对生产的影响，还包括招聘成本以及新员工适应期间较低的生产率。简单来说，并购企业应当通过准确的信息，尽早抓住关键员工。

并购企业的高管也要参与这项工作，其原因在于，被并购企业的员工需要看到他们，并相信会受到新的母公司的认真对待，"好吧，大老板确实很重视，专程从伦敦过来看我们。"因此，从第一天开始，母公司的高级管理层也要成为沟通小组的一员，亲临现场，即使在规模较小的并购中也应如此。员工需要看到，高管确实关心新公司的未来发展。

由于公司把并购的日常管理工作授权给并购小组，高管们可以承担起"走动管理"的重要工作：他们需要与员工、客户和供应商会谈，针对推动新合并企业平稳发展这一承诺，展现出公司的重视程度。

财务控制

迅速把被并购企业的财务控制权移交到母公司，这一点十分重要。由此可以确保：

- 把潜在的负债限定在并购之时。
- 公司有时间对被并购企业的财务管理程序进行梳理，并检查其安全控制措施。
- 能够迅速明确资产的所有权。

很显然，在尽职调查过程中就已经完成了上述工作的许多内容。只要做好准备工作，具备相应的资源，协调被并购企业的财务控制权应当是相对简单的一项工作。

第一天结束时，整合小组要对照首日计划，检查各项工作的完成情况。对于整合下一阶段需要采取的其他措施，也可以达成一致意见。

第一周

为第一周检查工作制定清晰的目标，能加快各项改革工作的节奏，确保并购方定位明确，并以此为基础采取措施，促进各项目标的实现。第一周要完成一系列工作，由此搭建起并购企业的经营框架。第一周结束时，并购方需要做到：

5 整合方案

- 做好面向所有利益相关者的初步沟通方案。
- 完成人事核查，并确定新公司的架构。
- 开始启动对冗余环节的调查咨询工作。
- 实现对公司完全的商业控制。
- 如果尚未完成整合，那么就要明确下一步要采取哪些措施，来推动以下环节的进一步整合：
  - 管理结构。
  - 财务管理。
  - 人事管理和规划。
  - 包括医疗健康和安全管理在内的法律合规性。
  - 质量控制体系。
  - 信息系统。
  - 市场营销和客户渠道。

在按照计划开展工作并避免左右摇摆的同时，整合小组要尽早识别和评估整合过程中可能遇到的未知障碍。同时还要根据实际情况，注意对整合方案进行调整。

首月

首月回顾是朝着成功并购迈出的重要一步。在这一阶段，并购方需要回顾已经取得的成绩，查找并购面临的瓶颈问题。

通常，在首月回顾过程中，我们需要对以下几个方面进行详细的考察：

- 管理水平和稳定性。
- 客户合同和价格结构。

- 物流体系评价。
- 销售团队评价及未来发展计划。
- 营销规划。
- 将客户关系管理部门并入母公司。
- 持股情况。
- 厂房设备检查及维护。
- 产品分析：包括公司自有产品及外包产品。
- 供应商体系。
- 资产分析。
- 信息和报告系统。
- 应急方案。

尽管整合经理总是需要处理一些紧急情况，如应对重要客户提出的问题，但不应当把处理这些问题作为借口，而不去实施完整的检查。要利用结构化的科学方法完成各项任务，满足工作的时间要求，不断获得工作业绩，只有这样，才能确保整合工作始终沿着设定好的清晰路线平稳推进。整合目标仍然是实现预期的价值。整个工作小组以及新公司的相关高层管理人员都应当参与到这次检查中来。要拿出一整天时间，在专门的办公地点进行交流，以避免各种因素的干扰。

100 天

在100天的时间里，所有的重大决策都应当执行完毕。也许100天只是一个随意的时间范围，但许多作家和咨询顾问都认为，100天是并购整合的重要转折点。在这个阶段，私募股权投资者往往已经能够预测其投资成功的可能性了。并购企业应当已经召开过一两次董事会，企业的即期财务业绩也已清晰可见。

截至此时，并购企业应当已经确定了：

- 组织结构、人力需求。
- 人力资源设置、薪酬结构。
- 资产管理和维护。
- 产品范围决策。
- 公司流程。
- 财务管理结构。
- 当前的供货商协议，未来将如何变动。
- 客户协议、营销渠道和定价策略。

截至 100 天结束时，对于本次并购所节约的成本和创造的价值，并购企业应当已经可以基本确定。根据上述信息，公司高管要做好应对，如有必要还应在公司范围内启动新的行动方案。

对原有计划不断进行更新升级，能够降低公司在实现 100 天目标过程中所面临的不确定性。如果任务超出了最初规定的时限，小组领导者或者可以加大资源投入，或者可以着力解决公司内部存在争议的事项。

并购小组内部的每一位部门领导都负有特定的职责，具体要根据项目计划的要求来确定。要定期检查这些工作的进度，并在 100 天结束时，通过正式会议的形式进行展示。

并购过程总面临着巨大的压力。一段时间过后，最好能够整理和总结并购过程中的经验教训，这样，下次参与并购的人员就能从这些经验中获益。为此，在交易达成 12 个月以后，要抽出时间，对并购之后的工作情况进行回顾总结。

并购之后的回顾

回顾并购的整个过程，能让参与并购的每个人对并购工作进行评估并从中得到收获。对并购方来说，知道并购过程中哪些措施是对的，哪些是错的十分重要。即便是最有经验的并购方也会犯错，但如果将来还重复这些已经犯过的错误，那么就是不能被原谅的了。

并购之后的经验回顾，会影响并购未来创造的价值。并购方应当从以下内容中汲取有价值的经验：

- 确定并购思路。
- 评估潜在目标。
- 调查潜在目标。
- 并购谈判。
- 规划并购之后的业务活动。
- 落实并购之后的执行方案。

由于这项工作具有很高的价值，并购方应当做好充分的准备，拿出足够的时间，充分调动资源，确保并购回顾工作顺利开展。这项工作要花费很多时间和精力，因此最好由相关董事会成员来组织。并购回顾要把参与并购的所有重要人员包括在内，如并购小组成员、谈判人员、尽职调查服务商、董事会成员等。

理想的情况是，在进行公开的讨论之前，每位参会人员都要准备一份回顾资料，供大家传阅。回顾小组随后就可以：

- 把并购各阶段的计划与实际情况进行对比，评估重大变动所产生的影响。
- 通过将并购"指导原则"做成正式文件的方式，汲取并购过程中的经验教训。

并购回顾能让公司在未来并购时中更好地进行决策。从核实原先假设是否正确，到并购方采取行动将理论变成现实，这些措施都能够提高公司未来并购的表现水平。经验表明，这种回顾工作的回报十分显著。

要确保以往的并购经验正式纳入标准并购文件，相关分析也要体现在公司并购资料中，这一切都是董事会应当承担的工作。

并购原则

系统的规划可以提高并购成功的可能性。对规划并购交易的人员来说，他们需要获取有关并购整合的准确、连续的信息资料。在时间有限的情况下，他们不应当像"重新发明车轮"那样从头做起。在选择和管理咨询顾问的过程中，清晰明确的指导原则很有价值，能够确保咨询顾问在公司制定的框架范围内开展工作，而无须做重复的无用功。

并购原则应当保持足够的灵活性，如此才能应对各种类型的交易，适应不同程度的整合。例如，对一家独立运作的外国公司分支机构实施并购，可能需要公司在财务和信息资源方面进行较高的投入。与此相反，要想完全合并两家公司，就需要人力资源部门投入更多的精力，他们要做好劳工法律、沟通交流以及企业文化等问题的应对。

每次并购交易之后，要对并购原则进行重新审视，并对并购规划的结构、报告和评估方式进行必要的调整。并购方要充分参考并购之后的回顾工作，逐渐积累并购成功和失败的重大经验教训。公司要把这些内容纳入并购原则中。这个"资料库"是一个不断成长的宝贵资源，对于并购交易的新手以及并购规划的制定者来说，这是一项重要的参考资源，他们借此可以加深对并购规划、并购执行及并购难题解决的认识。

由于目前整合经理已经不可避免地转移到新的工作岗位，此时很重要的是，公司最高管理层要继续负起责任，进行并购之后的回顾，开展对标准经营流程的升级改造，以此做好并购整合工作。

结论

并购交易之初就要对整合进行思考。此前我们已经指出，对于协同效应的来源以及如何实现协同效应，如果没有透彻的认识，那么要想对一项业务进行估值就成了天方夜谭，因此最开始没有对并购整合进行认真的思考，将是极不专业的行为。有切实证据表明，并购失败的最主要原因，就是糟糕的并购整合。交易达成可能看起来炫目迷人，但整合工作才是决定赚钱还是亏钱的关键所在。无论如何，一定要安排好尽职调查工作，推动其为并购整合服务，而不是简单地为了推动交易达成。整合要求的是一套完全不同的交易模式，因此需要有独立的整合团队，并指定专门的团队主管负责推动整合工作。但整合团队也要与交易团队密切配合。实际上，有些员工很有可能既承担并购交易团队的工作，也参与随后的整合。

整合工作需要迅速完成，除了把具体工作方案落到实处，整合团队的工作重心，应当放在发现和应对柔性问题上，如此才能迅速成功地完成整合工作。最后，整合完成后，公司要汲取经验教训。通过开展并购之后的回顾工作，并购过程完成了一个典型的计划循环，即开展工作，从中学习，并引以为鉴。

6

ACQUISITION ESSENTIALS
A Step-by-step Guide to Smarter Deals

调查并购目标

导语

你已经发现了心仪的并购目标,并花了很长时间,说服董事会和投资者,这笔买卖确实值当。你已经认真思考过,一旦成为目标企业的新主人,自己将会如何经营,并且也已经说服卖方同意出售。这时,我们应当开始注意了。你如何确定目标企业的实际情况与卖方的溢美之词能保持一致?你如何知道卖方是不是真心希望出售?你如何知道目标企业不是已经日薄西山?你又如何知道,在支付了不菲的价钱之后,自己的经营计划是切实可行的?没有什么比付出真金白银更引人关注了,此时你最希望做的事情之一,就是在自己还能改变主意的时候,对并购对象的真实情况进行核实。在这类交易过程中,这些检查核实的行为被称为尽职调查。

尽职调查

尽职调查并不仅仅为了调查未知情况或让调查对象的"家丑"外扬。尽管尽职调查涵盖了以上两项内容,但开展尽职调查的目标,应当是为了推动交易的成功达成。尽职调查主要涉及以下3个方面:

- 要检查确定目标公司与其他人向你描述的与你所认为的并购目标保持一致。
- 确定自己对业务价值的期望。
- 填补整合计划的空白。

何时开展尽职调查

为了更好地体现调查的价值,应当在买方完成交易之前实施尽职调查。图6.1列出了并购交易的典型流程。

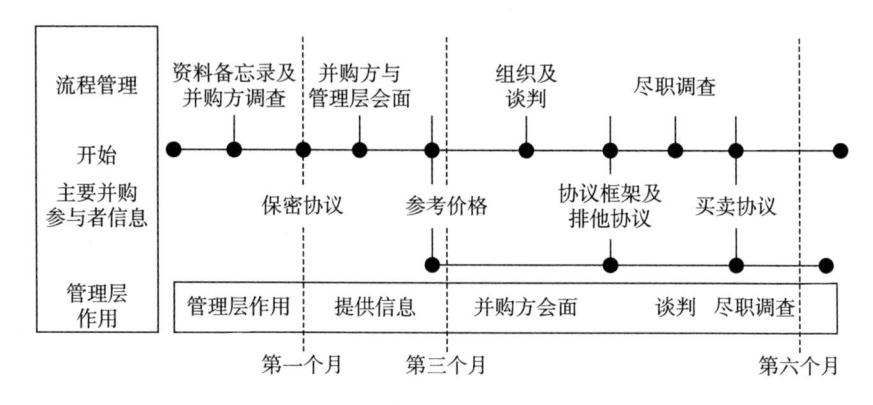

图6.1 并购交易的典型流程

通常只有在框架性协议签署之后,才开始实施尽职调查,因为这份协议的签署标志着双方都希望能继续进行交易。这时并购方才有充分的理由相信,花在尽职调查上的时间和资金不会浪费。此时并购方通常拥有8~16周的并购排他期。

公司无须同时开展所有的调查工作。商业尽职调查最好尽快展开,因为这会影响其他的调查程序。一旦商业和财务调查的初步结果明朗,就要开始法律调查工作。

调查并购目标 6

做好应对困难的准备工作

不要认为，并购方希望出售的这一事实会让尽职调查工作变得简单。这是一个典型的盎格鲁-撒克逊模式，而并购方和出售方之间的关系，也是利益共享和冲突的动态组合。出售方对并购方没有履行谨慎职责的义务，因此在一切完成之前，并购方需要主动挖掘更多的信息。出售方的情形与此相反，因为掌握了信息就意味着拥有主动权。只有在交易完成后，出售方尤其是其咨询顾问才能取得报酬，因此他们迫切希望尽快达成交易，对时间要求很紧。在其他法律制度下，并购方与出售方的这种利益冲突也有其他的解决之道。通常情况下，在欧洲大陆国家，并购方不得不在未完成尽职调查的情况下做出并购决策，但同时出售方也必须尽到谨慎提醒的义务。

一系列因素迫使并购的时间压力不断增强。出售方希望缩短并购排他期。只有在并购方签署保密协议的前提下，出售方才会提供相关信息，这种情况越来越常见。保密协议的约束力不断增强。双方要花很长时间才能确定下来，因此尽职调查的时间就被不断推后。即使保密协议已经达成，在尽职调查过程中，出售方最初可能仍然希望保留部分或全部的敏感商业信息。有些出售方甚至开展了"合同签署竞赛"。

但也要记住，面对一名真心诚意的买方，任何时间要求都可以协商。

卖方可能希望不透露这项潜在交易信息，不让员工知道。如果公司把高层管理人员也蒙在鼓里，或者卖方出于其他考虑，决定不让高管接受采访，那么尽职调查工作就会变得十分困难。卖方可能会禁止对其厂房设施的任何接触，而会精心组织一场推介说明会，让买方通过这种方式接触公司的管理团队。只有高级管理层参与进来，买方才

119

能够取得并购交易所需的相关信息。如果接触渠道过于狭窄，买方可能就要做好准备，另寻别家。

最后，买方还应当向卖方询问，目标企业是否有遵守第三方保密协议的义务。这种情况是可能存在的，比如，因合营企业或其他合约协议约定而存在第三方保密义务。这种情况下，如果没有合营方的同意，目标企业不能随意披露重要的信息。

记住：目标企业总是有备而来

公司的财务顾问有推动交易达成的强烈动机，这自然就意味着，他们会指导自己的客户，如何才能把公司最好的一面展示给买方。他们知道，通过精心的包装设计，待价而沽的企业总能显得更加诱人，也能卖一个更好的价格。你也应当牢记，对于一家即将出售的公司来说，每年它都可能收到一家或多家企业的报价。这意味着，如果企业把自己摆上柜台，那么交易的时机可能已经成熟。

一家企业的精心准备或者包装设计可能要花费数月或数年的时间。下面列出一个清单，介绍在买方认真对业务进行考察之前，一家企业可能会掩饰的相关内容：

- 选择合适的买方。
- 交易记录。
- 业绩预测。
- 控制体系。
- 经营风险。
- 管理层和员工。

- 以资产为估值基础。
- 收尾工作。

选择合适的买方

合适的买方,就是能以最高价迅速达成交易的企业。企业咨询顾问体现的价值中,很大一部分都来自寻找合适的买方,从交易中实现最大收益,从而推动卖方利益的最大化。一个好的咨询顾问会从广泛的调查对象中选取 5~10 家潜在买方。如果能签署排他协议,那么你就可以从最初的候选者中脱颖而出,成为最具竞争力的买方之一。但在签署排他协议之后,任何一家谨慎的卖方都会至少保留一家候选买方,以防意外情况的发生。

交易记录

待售企业需要向外界证明,自己在中期具备可持续的业绩增长能力。如果很早就开始修饰业绩,比如年底推迟发票入账,或仔细安排入账费用等,那么公司就可以操纵收入和利润,向买方展示一种缓慢提升的业绩态势,这往往是买方乐于看到的。跌价准备项目已经经过仔细的审查。买方一次提取过多的跌价准备没有什么意义,因为买方在估值过程中是不会把跌价准备考虑在内的,一般是在几年的时间跨度内,把大量跌价准备慢慢地消化。

最极端的情形是,你可以认为卖方无所不用其极,采取了一切措施,把本年和上一财年的利润最大化。尽管卖方知道,买方是为企业的未来价值付费,但他们同时也知道,在对企业进行价值评估的过程中,本年业绩的预测加上去年实际的业绩表现,将发挥最重要的作用。有一笔交易,在实施尽职调查的第一天就做不下去了,原因在于,会计师发现,目标企业没有接到任何远期订单,尽管买方完全理解,这项业务面临着账单管理不善的问题。还有一些交易终止的原因是，买方发现，公司的重要业务合同已经无影无踪，尽管现实情况很有可能是，这些消失的合同很快就能得以恢复。

在并购交易完成前，对于那些不能即刻带来回报的费用支出，任何卖方都会将其推迟延后。卖方不会再粉刷办公室的墙壁，也不会再更换地毯。曾有一家机械企业，在公司出售之前，拉起大网接住落下来的玻璃碎片，而坚持不修理厂房的顶棚。其他短期内可以压缩费用的方式有：减少广告宣传，员工离职后不再补充人手，清理工资单上那些不参与工作的关系户，把个人费用降到最低，不再启动花费巨大的研发项目，不再设立并购交易完成前很难实现盈亏平衡的新企业等。对于所有非经营成本项目，都要尽量避免。

在并购交易前上调产品价格可能是另一种修饰交易记录的方式，当有一段时间没有调整产品价格时更是如此。有一家艺术材料的顶级供货商，在开展尽职调查前6个月对其产品价格进行了梳理，表示希望在其超过6 000个产品项目上保持定价的连续性，以此作为幌子，该企业偷偷地提高了产品价格，调价幅度约为通货膨胀率的两倍。当目标企业的产品价格高于市场平均水平时，最先察觉的可能是普通消费者，但他们可能根本不知道原因所在。

最后，买方及其咨询顾问要认真检查相关的会计政策，这样卖方才不会有借口对增加利润的因素进行调整，而忽略其他减少利润的因素，从而利用这种方式来调整利润和产品价格。

业绩预测

卖方应当对未来两年的利润和现金流进行统一预测。对当年的预测应当尽量详细，预测目标应当是可以实现的。通常，预测不应当进行不切实际的高估，因为当销售不及预期时，会影响公司的估值。

作为评估未来业绩的最后一种方式，卖方要学会从买方的角度来看待这笔交易。这样，他们就可以针对每位潜在买方的具体情况，评估可能产生的协同效益，并乐于分享自己关于成本节约的看法，这并非单纯出于利他的考虑，而是希望与他人实现价值共享。他们也会对本公司独一无二的资源进行评估，仔细留意适合特定行业的估值标准，具体参见第 7 章。

控制体系

待售企业希望能给外界留下一种运作高效、控制良好的印象。卖方知道，潜在的买方希望将公司过去 3 年的月度预算情况与实际情况进行对比。因此，一旦一家公司决定出售，如果此前还没有这些控制制度，那么它就需要制定预算管理制度，设置月度管理账目。

经营风险

那些过度依赖少数客户或供应商的业务面临着多种风险，包括销量下滑、原材料突然断货或者成本压力飙升等。售前调查的重要内容，就是寻找新的客户，拓展新的业务并寻求新的供应商，以此来分散风险。在实施尽职调查过程中，要对这类新业务关系的牢靠程度予以重点关注。例如有一家公司，尽管有两家原材料供应商，但公司在这方面做得不好，险些导致交易流产。受到新法规的影响，市场对公司的产品需求突然爆发。但这家目标企业并没有主动采取措施，来保障原材料的充足供应。而与此相关的背景是，多年来原材料供应商一直希望提高价格，但从未如愿。供应商的耐心如今消耗殆尽。陈旧的生产设备退役之后，其结果就是，供求平衡迅速收紧。从对原材料的需求趋势来看，公司将很快不得不对原材料实施定量供应，这使公司失去了在快速增长的市场中进行业务扩张的机会。幸运的是，目标企业基础牢固，最终成功获得了足够的原材料，但这毕竟险些功亏一篑。

管理层和员工

根据并购方的不同和并购原因的差异，在实施并购交易之前，最重要的措施就是与目标企业管理层建立合适的纽带关系。在一家企业正式挂牌出售之前，卖方会竭尽全力，向外界展示公司拥有一个稳定而负责的管理团队。一家企业如果过于依赖某位天才人物（通常为创始人）的贡献，他在公司出售之后将不再参与业务管理，此时就需要拿出足够的时间，开展大量的工作，以便将公司的日常业务经营平稳交接给下一任管理者。如果现实情况并非如此，那么买方就应当仔细掂量一下，该公司的管理层究竟有什么优势和底蕴。

> 一家出版企业的创始人声称，自己每天10点才到办公室，午饭之前就离开，到公司的唯一目的就是看看邮件。根据他的说法，公司已经不需要自己，而他的夫人经常在自己耳边喋喋不休，因为在她看来，自己应当尽量多陪陪家人。潜在的买方根据常识判断，这恐怕并非事情的全部真相。创始人为什么坚持要查看邮件？他为什么不授权助理来做这些事情？答案就是，他是唯一具有公司宏观蓝图的人，每天查看邮件才能让他把控大局。此外，公司的业务高度依赖于一支规模庞大但不稳定的销售团队。创始人对公司业务的最大贡献，就体现在对销售人员的招募和培训上，这类工作毫无规律，因此就造成创始人每天只有上午10点到下午1点才会在公司出现。实际情况是，创始人每个季度都需要有一周左右的高强度、长时间工作。最终，创始人手下没有任何管理团队。公司合同是由秘书代管的，财务主管属于兼职，而这就是公司二级管理的全部内容。

即使在实施并购交易时与管理层建立了紧密的联系,一个令人沮丧的事实是,在并购交易完成之后的两年内,大部分高级管理层都将离职。咨询顾问经常鼓励卖方在加强高层管理的同时,也注重第二梯队的管理团队建设,上述情况正是原因所在。

以资产为估值基础

买方会根据发展前景对公司业务进行评估。在买方看来,非经营性质的资产以及剩余资产都是毫无价值的。对进行过深入咨询的卖方来说,他们希望确保把所有未充分使用的资产以及冗余资产,包括各类投资在内,都一并处理掉。多余土地及自有不动产是最突出的处理对象,然而一旦实施了资产的处置,公司就失去了这样的机会,即也许有一天,这些资产最终会派上用场。对这些资产的处置,腾空了公司的场地空间,从而更有利于向潜在的买方推销,因为这将方便后者的业务扩张。对于价值完全减计的存货,公司会将其完全处置。这些项目也是买方眼中毫无价值的多余资产。

通常来说,资产负债表上资产的价值与其市场价值之间存在差异。咨询顾问会建议卖方,对资产进行再次评估,以避免售价过低或者买方实施"均等"的价值调整,因为对后者来说,他们自己进行的评估通常显示,资产价值被高估了。这种情况也适用于营运资本。为了避免在"均等"法下弥补营运资本不足的风险,卖方通常需要检查确认:

- 存货跌价准备。
- 可能永远也得不到偿还的旧账。
- 坏账准备情况。

卖方可能也会支付一笔额外的红利,来剥离公司多余的现金。因为从卖方的角度来说，多余现金只能以面值进行衡量，而在买方以利润为基础对企业进行评估的情形下，多余现金的价值将得不到任何的体现。

收尾工作

在一个潜在的买方看来，公司业务价值的提升意味着，其各种法律纠纷的收尾工作都已经处理完毕。具体内容包括：集团架构已经理顺，所有未决诉讼正在了结，商标和专利已经注册，关键员工的合同已经处理完毕，并且公司应当检查确保所有财产权利已经清晰，财产租赁或报废等都不会有什么问题。在开始对并购交易进行讨论的时候，卖方就要立即列出各类税务问题，如果不能做到这一点，任何一位买方都会对目标企业的运作效率产生怀疑。需要注意的是，此时可能是买断少数股权或联营企业股权的最佳时机，当这些人成为合伙人的初衷已经不再适用的时候更是如此。

通常，人们会鼓励卖方早早地把坏消息放到谈判桌上来，因为他们知道，越早披露公司那些不怎么有吸引力的特点，这些信息对并购交易的冲击就越小。如果有足够多的时间和足够优秀的人才，卖方就能够更好地对公司进行调整，从而将出售的价格推到最高。这并不是说，买方无法发现目标企业的弱点，但这确实意味着，即使买方发现了问题，通常也不会是在那些比较明显的领域。

尽职调查的内容

尽职调查主要涉及3个方面的内容，分别是商业、财务和法律，还有一系列专业子项目，如税收和养老金等。表6.1列出了相关的领域，各类尽职调查通常都会涉及。

表6.1　尽职调查的内容

尽职调查类型	商业尽职调查	财务尽职调查	法律尽职调查
关注点	市场 客户 未来表现	经营体系 估值 税收	合同 资产 担保和赔偿 买卖协议
时间要求	1~4周的排他期	1~6周的排他期	4~8周的排他期
咨询顾问	商业尽职调查专家，市场或策略顾问	财务尽职调查专家，通常与会计师事务所有关	法律顾问，具有特定的并购经验
子领域	管理 技术/运营	养老金 信息技术 舞弊	养老金 税收 财产 知识产权 环境

对于应当做多少尽职调查，并没有标准的答案。在实践中，时间、资金和卖方的耐心等因素，都会影响尽职调查的工作量。你不可能把所有事情都调查清楚，因此总会存在这样一种风险，即尽职调查没有覆盖你应当了解的领域。但是，既然你只能关注高风险领域，那么你就会去思考，在一笔成功的并购交易过程中，最大的潜在风险到底隐藏在哪里。这样你就能从尽职调查的成果中取得最大的收获。最差的情况是，经历了一系列"正常的程序"之后，你却不知道自己到底希望达到什么效果。

尽职调查涉及的许多内容可能很有意思，或者十分有用，但此中的技巧在于，要把注意力放在那些真正重要的事情上。这就意味着，要先从公司策略出发，然后考虑并购的业务性质，再区分公司单独运营和与其新东家合并这两种情况,全面权衡推动或阻碍并购对象未来业绩表现的各种因素。有经验的并购方会把不相关的问题放在一边。而略显稚嫩的并购方则会掉进试图弄清所有问题的陷阱,随后就会因为这些流程而精疲力竭,在细枝末节的纠结中迷失自我。

在尽职调查的流程开始之前能够做好准备,会使公司受益匪浅。如果并购方跟踪市场形势和目标企业已经有多年时间,那么它就能更好地把注意力放在主要问题上,在尽职调查阶段能更快、更有效地采取行动。

谁来做尽职调查

简单来说,你将会借助许多专家和收费不菲的咨询顾问的帮助,唯一的目的就是得到上述问题的答案,也就是你想方设法,希望搞清楚自己到底需要了解哪些信息。

对于一些较为浅显的内容,并购方通常会从最初的调查做起,并独立实施尽职调查。但并购方通常也需要借助外部咨询顾问的力量,其原因在于:

- 尽职调查是一项专业技术工作,大部分工作都可以由咨询顾问完成,他们可以把全部时间用于这项活动。他们调查得更迅速,更有能力挖掘出隐藏的信息,知道如何才能把对目标企业的影响最小化。他们具备提前发现问题的能力,并能够制定出有针对性的对策。例如,他们能够取得难以获取的信息资料,或者游说工作繁忙或顽固的管理者们配合工作。有经验、有能力的咨询顾问还能帮助确定尽职调查的范围,并随着调查进程的深入,不断进行调整。

- 咨询顾问可以带来更多的资源。大多数并购方手头并没有专业技术资源，无法抓住稍纵即逝的交易机会。
- 并购方应该集中关注宏观蓝图。把大多数细致的尽职调查工作分包出去，也就意味着，并购方可以一门心思地思考真正重要的问题。英国联邦集团对大西洋电脑公司的并购最终酿成了一场灾难，其原因正是在于，没有人注意到尽职调查的内容。
- 对目标企业的管理层来说，他们可能不愿意让竞争对手或潜在的新的市场竞争者的管理层接触本公司信息。他们可能更容易接受一家独立的专业机构。
- 我们在第1章提过"交易狂热"的风险。咨询顾问属于独立的第三方，面对一笔交易不太容易感情用事。要从一家机构取得表6.1所列的各类专家的咨询服务并不难，比如通过一家大型的会计师事务所就可以做到这一点。企业之所以不这样做，是为了有更多的选择机会（另一个原因是，咨询顾问在自己所专长的领域之外其实并没有什么优势）。

尽管将部分尽职调查的工作分包出去，几乎总是可以为公司带来便利，但并购方必须与各团队保持密切联系。咨询顾问可能从客户处得益，并利用相关信息来协助其进行战略思考和整合规划。很显然，这项工作不可能在最后一刻才启动，公司最好提前就把内部的资源和外部的咨询顾问统筹考虑。

我应该怎么做

在知道了自己需要了解什么信息之后，重要的就是知道从谁那里取得信息、通过什么形式取得信息以及何时取得这些信息。随后你就可以有效地对整个流程进行管理，从而确保各类信息如约而至。

除了要管理与卖方之间的关系，买方还需要具备超强的项目管理能力。并购方需要协调无数的关系，交易双方的每个人都很忙碌，交易进度表的时间总是不够，但是尽职调查的各项工作必须统筹规划，并与价值预测、业务规划和整合方案结合起来。外部咨询顾问的工作应当连续一致。商业、财务和法律尽职调查小组应当相互协调，每个小组都要根据最新的信息来不断调整其工作方向。但最重要的是，在决策之前，买方需要确保有足够的时间来消化、分析所取得的信息。这可绝不是圆滑的战略、法律或财务行为，而完全是项目管理的内容。

找到合适的团队

合适的团队会执行一套优秀的尽职调查程序，而不是让并购方耗费大量资金却被告知自己已经知道的信息。

团队成员需要有经验积累，同时也需要具备业务、调研和分析的能力。有些投资者最看重行业经验，这是一种错误的倾向，因为对某一行业的界定往往是模糊的，以至于如果以此来寻找咨询顾问将毫无意义。此外，即使存在具备行业经验的公司业内人士，也并不能保证他拥有该笔并购交易所需的合适技巧。尽职调查是一套程序，适用于全部行业的所有领域。因此，根据重要性程度排列，公司最应当看重的特质包括：

- 撰写尽职调查报告的经验。
- 并购方的经验积累以及对交易目标达成的共识。
- 对目标企业所处行业的经验积累。

6 调查并购目标

会计师事务所不愿意惹上麻烦，因此它们会遵循严格的程序。这会影响分析的深刻程度，同时也会导致事务所不愿意与公司分享有明显偏向性的看法。这些事务所的合伙人千差万别，因此公司并购取得成功的关键，就是要找到那些拥有强烈的商业意识，并可以从商业的角度对各类数据进行深入思考的合伙人。除了正式的会议对话之外，你可能还希望与其进行坦诚公开的交流，通过这种方式，可以根据他的工作经验，就一些最基本的问题进行提问：如果这笔业务所用的投资是你的养老金，那么你会进行投资吗？你要拿出言者无罪的态度，否则就可能只得到一些模棱两可的答复。

与会计师相比，负责进行商业尽职调查的咨询顾问通常不怕遇上麻烦事，这让他们能够给出最符合商业利益的咨询建议。尽管一些大型的会计师事务所试图在提供财务服务的同时也提供商业服务，但是根据销售人员的说法，这种双重服务的结果往往并不令人满意。由于过于规避麻烦事，同时与其财务实力相比，会计师事务所的战略眼光往往略显不足，因此由其实施商业尽职调查而得出的结果往往差强人意。

有些律师在促成交易的同时会注重保护买方的利益，也有些律师反而会起反向作用，把你晾在一边，让你禁不住琢磨这些人到底是维护哪方的利益。因此在寻找律师的时候，要注重律师工作中的创造性，同时也要关注他们以往的工作记录，看看他们是否能够针对困难问题给出合情合理的商业解决方案。

> 有一家法律公司，准备对目标企业400份重要合同中排名前50的进行评估，目标企业把这些合同存放在资料室里。法律公司的初级员工认真复印了这50份合同。买方指出，目标企业其实只有4类合同模板，多年来一直沿用。法律尽职调查（LDD）小组需要做的就是，明确合同类型，然后注意观察例外情形。

其他需要注意的内容

太敏感

在私营企业以及那些对并购认识不深的国有企业，管理层往往对尽职调查十分敏感。他们可能会怀疑是否需要开展尽职调查——"难道你不相信我吗？"有经验的并购方及其咨询顾问常常可以赢得卖方的认同。他们可以辩称，自己开展的这些调查，可以让买方充分认清公司业务的价值。同样，如果一家银行准备向其提供贷款，那么他们就可以指出，完整的尽职调查是应借款银行的要求而实施的。

只要有并购目标公司的可能性，每个买方都要避免对目标企业的经营带来困扰。随着尽职调查流程不断细化，各项工作日益繁重，可能会对公司业务带来负面影响。如果公司最高管理层不得不参加各类不会给公司带来任何价值的会议，还要花费精力应对各种信息需求，那么他们就无法做好客户服务，也无法处理各种经营问题。并购方可能会因交易之后的买卖（post deal trading）而感到失望，而出现这种现象的原因之一，可能仅仅是因为，早在数周甚至数月之前，目标企业的管理层就已经对此失去了兴趣。

牢记自己的保密义务

根据英国法律，并购方负有保密义务，双方通常会签署正式的保密协议。滥用保密信息的并购方可能会因违反协议而遭到起诉，或者法院发布禁令，禁止其使用相关信息。

做出承诺

这方面的内容可能包括，要承诺不去招揽目标企业的客户或雇员。这些禁止"挖角"的行为，不仅适用于尽职调查期间，也适用于交易失败之后的规定时间内。

实施内幕交易的风险

如果买方或卖方的股票在伦敦股票交易所或其他证券市场进行交易，那么即将进行的交易可能会对市场价格造成影响。在交易公开且对价格不再敏感之前，内部信息知情人既不能在证券市场进行交易，也不能与第三方讨论交易内容，因为后者可能会在证券市场进行交易。

商业尽职调查

商业尽职调查不仅关注历史数据，还要调查公司收入来源的真实情况，以及支撑公司未来收入的因素。商业尽职调查要对公司的市场地位、竞争形势和发展前景展开调查。调查内容涵盖公司市场形势、成功的原因以及可持续竞争能力的来源，这些都属于调查的基本内容，也是公司未来财务业绩的基石。商业尽职调查的目标包括：

- 将并购风险进行量化，包括客户、市场、技术、竞争对手、监管等因素。
- 帮助客户了解目标企业的业务构成、业务模式、行业形势、竞争形势、管理团队及监管环境。
- 对公司业务的未来预期表现进行验证和评估。
- 协助规划并购之后的整合行动。

通常来说，针对市场领跑者和基础商业模式进行的商业尽职调查，往往更关注市场动态和监管规定，而不怎么关注客户满意度和公司的竞争地位。举例来说，退市企业并购等许多大型私募股权交易，都希望借助更加积极主动的新管理团队，来推动公司实现业绩增长和提升。与此形成鲜明对比的是，对小型利基市场上的企业实施的商业尽职调查，往往不太关注市场状况，而更关注公司的竞争地位，因为后者更可能决定企业未来的成功与否。

商业尽职调查可以向外界呈现公司未来发展的清晰蓝图，对此，随后应将商业尽职调查的结果，与对公司的财务分析和价值评估结合起来。商业尽职调查和财务尽职调查的结果存在部分重叠，两者是从不同视角对同一问题进行的分析，而对于战略和市场形势，如果能够参考更专业的分析，那么会让会计师们如释重负。如果并购涉及巨额债务，借款银行将希望看到商业尽职调查的结果，因为它知道，对于公司是否拥有充足的现金流来支持其设定的债务水平，商业尽职调查的结果将会是决定性的因素。

谁来实施商业尽职调查

商业尽职调查既可以由内部人员执行，也可以由外部机构实施。部分频繁实施并购的企业有自己专门的团队，在内部开展商业尽职调查方面积累了丰富的经验。如果拥有这类资源，那么由内部员工实施商业尽职调查，不仅能节约成本，积累经验，还能在执行商业尽职调查与实施并购整合这两个阶段之间，避免相关信息的丢失。但上述情况较为罕见，对大多数并购企业来说，它们的员工数量不足，也不具备适当的技巧和调查经验，无法完成并购交易过程中那些高强度的工作。而且，内部尽职调查团队无法掩饰自己的身份，往往难以与市场主体尤其是竞争对手进行交流。内部商业尽职调查团队还面临另一个问题，即不得不"入乡随俗"，或者无法抵制公司管理层施加的影响，因此即使面对一笔不好的交易，也不得不表现出"同意"的态度。对内部尽职调查团队的成员来说，如果公司的高级管理者雄心勃勃，希望尽快推动达成其心仪的交易，那么情况就会变得完全无法收拾。

许多外部企业可以提供商业尽职调查服务。很多大型会计师事务所已经通过提供多种形式的商业尽职调查服务，在该领域占据了一席之地，尽管其调查成果的深刻程度可能有限，因为它们害怕受到法律诉讼问题的困扰。主流的管理咨询公司可能具备轻松胜任这项工作的能力，但他们的收费不菲。而与此形成鲜明对比的是其他的市场咨询机构。因此，许多并购企业认为，最好借助专业的商业尽职调查咨询机构进行调查。

商业尽职调查的流程和工作机理

图6.2列出了商业尽职调查的流程。如图所示，商业尽职调查分5个步骤。

起始阶段

起始阶段的工作目标，是要确保所有人都清楚地知道自己所承担的角色。由于时间很紧，加上与咨询顾问也很熟悉，并购方可能会告诉咨询顾问说，"我想知道的信息与上次一样"。这就埋下了一颗定时炸弹，因为没有任何两次并购是相同的，由此不可避免的是，每次并购也要采取不同的视角。下面这种情形看起来可能有些夸张，一家英国的私募股权投资者在实施一起位于荷兰的并购交易时，所采取的行动简直可以看作业界的教科书，它把所有的并购团队成员召集在一起，其中有十几个成员来自英国，在阿姆斯特丹进行了集中讨论。集会的唯一目的，就是让所有人打起十二分的精神，明确并购交易的各项要点内容，确保所有人都朝着同一个目标共同努力。

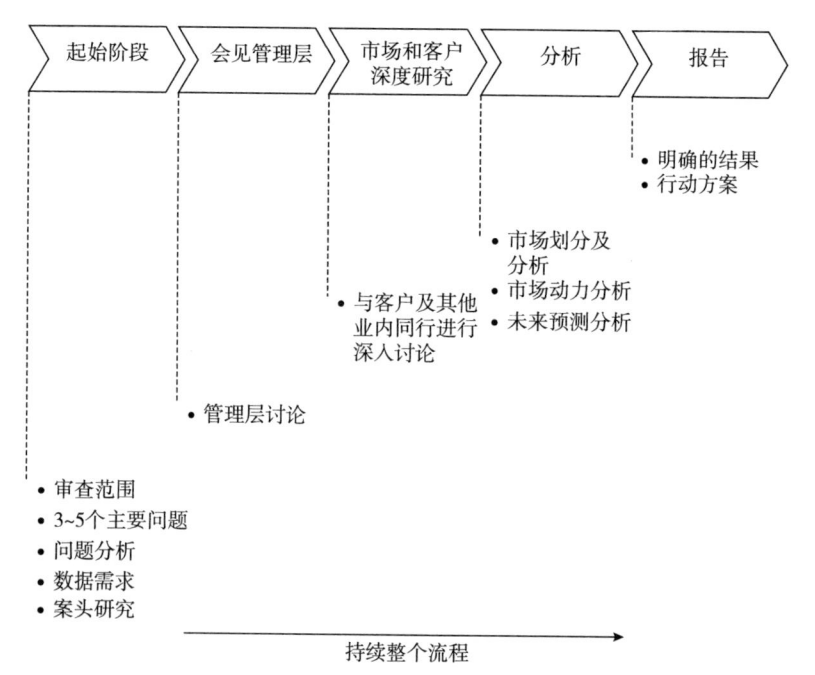

```
起始阶段 → 会见管理层 → 市场和客户深度研究 → 分析 → 报告
```

- 明确的结果
- 行动方案

- 市场划分及分析
- 市场动力分析
- 未来预测分析

- 与客户及其他业内同行进行深入讨论

- 管理层讨论

- 审查范围
- 3~5个主要问题
- 问题分析
- 数据需求
- 案头研究

持续整个流程 →

图6.2　商业尽职调查的步骤

注：会见管理层要在地点合适的情况下进行，特别是当其单独工作的时候。

审查范围

　　同其他类型的尽职调查一样，商业尽职调查不可能在真空环境中进行。我们在第4章提到，商业尽职调查小组必须注意观察并购交易的各种因素，明白交易达成的原因所在，了解并购对象是如何与并购方的经营策略产生共鸣的，知道交易一旦达成，买方首先希望采取哪些措施等。只有了解了这些信息，商业尽职调查小组才能恰当地开展工作，其工作才能真正创造价值。商业尽职调查的成果，实际上是对你希望购买的业务实施小范围的战略概览。

　　正如所有的战略概览一样，如果试图"面面俱到"，那么效果可能会适得其反。当然，有一些问题对于评估目标企业未来的发展至关重要。考虑到所面临的时间压力以及希望控制成本的天然意图（尽管商业尽职调查属于主流尽职调查中最经济的一种），在可以承受的不确定性、风险和升级改造等方面合理分配资源就显得至关重要了。

特定问题举例

不确定性

- 尽管发展趋势和整体环境正变得日益严峻，但市场仍在继续发展。市场未来到底会走下坡路还是仍处于安全的利基市场成长期间，长期前景依然看好？
- 这项技术似乎已经得到了市场的认同，有很好的发展前景，但那些已经犹豫了多年的买方现在会出手吗？
- 目标企业有一家子公司，与主流业务没什么关系，未来将会进行处置，但我们并不知道这项业务的流动性如何，而接受了一项没什么吸引力、砸在自己手里的资产，将是自己不能承受的。这项业务本身对潜在买方的吸引程度如何？

风险

- 与竞争对手相比，目标公司的盈利能力更加突出，但分析下来却找不到明显的合理原因。这种情况的原因到底是什么？我们又怎样才能确保其持续下去呢？
- 目标企业的成功，在很大程度上要靠对现有核心产品的升级改造。这款产品的升级是否能达到其管理层所宣称的效果？

升级改造

- 与竞争对手相比，该项业务的盈利能力不足，我们计划提高其利润水平，但这是否可行？
- 美国市场已经十分成熟，为实现对市场的深度挖掘，需要围绕州际分销体系开展交易。这种思路的可行性如何？

问题分析

如图 6.3 所示，解决问题有两种基本方式。

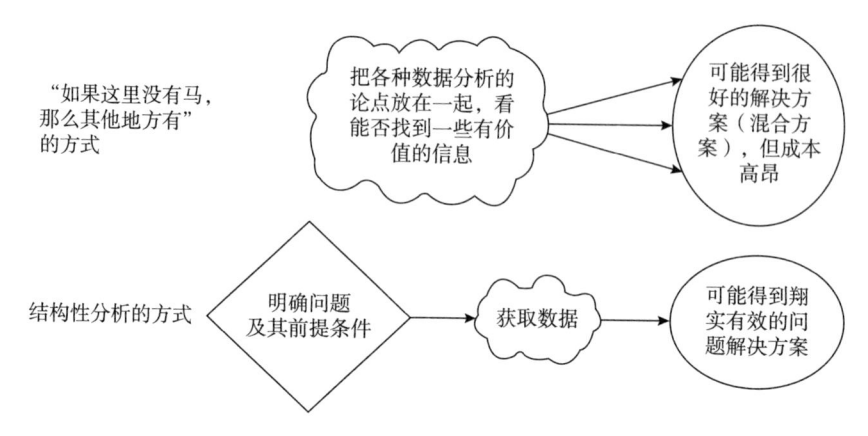

```
"如果这里没有马，        把各种数据分析的          可能得到很
那么其他地方有"          论点放在一起，看          好的解决方
的方式                  能否找到一些有价          案（混合方
                       值的信息                 案），但成本
                                               高昂

结构性分析的方式        明确问题        获取数据        可能得到翔
                      及其前提条件                    实有效的问
                                                    题解决方案
```

图 6.3　解决问题的两种基本方式

简单来说，问题分析法就是根据核心问题的具体情况，设定逻辑树形，从而针对问题制订有层次的、分析性的解决方案。核心问题可以很简单，像"我们应该购买这家公司吗？"但我们最好把它细化，就像上面所举的例子一样。

图 6.4 是问题分析法的一个例子。这是一家位于美国的利基型制造企业，主要生产电线和电缆。并购方已经发现，该公司业务面临的风险是，如何在避免产品丧失特色的前提下，提高公司当前的业务增长率。上述所有问题都是针对这一核心目标。

通过问题分析，我们能制订完整的工作计划，列出一张工作清单，每项工作都对应一个或多个问题。我们可以把各项工作分配给小组成员，让他们具体执行。

主要问题：卡特公司（Cutter）是否能够提高收入增速并维持其附加价值水平？

6 调查并购目标

1.业务范围如何划定？	• 卡特公司服务的终端应用有哪些？ • 公司有多少条生产线？有多少个打动客户的"触点"？ • 收入有多少是附加值服务带来的？有多少是以商品销售的形式产生的？ • 卡特公司在价值链中处于什么位置（不考虑终端贴牌生产这一环节）？ • 卡特公司的收入流是否具有可持续性（将预测的销售收入与项目作业进行对比）？
2.目标市场吸引力如何？	• 相关市场对优秀的电缆和电线解决方案有多大容量？ • 医疗设备增长是否可持续？ • 真正的附加值业务与标准化产品各占自动化市场的多大份额？ • 哪块市场面临最大的价格压力或替代品风险？ • 客户采购时，是否会点名要卡特公司的产品？
3.公司成功原因何在？是否具有可持续性？	• 卡特公司在终端市场上的地位如何？ • 公司收入有多少源于差异化的附加值服务？多少来自标准化产品？ • 卡特公司与主要的贴牌厂商契合程度如何？客户转换成本有哪些？ • 卡特公司在多大程度上面临贴牌厂商的成本压力？ • 终端用户及贴牌厂商的需求将发生怎样的变化？
4.有哪些增长机会是可以实现的？	• 竞争对手刀锋企业（Blade Inc.）的产品是如何卖出高于自己产品10%~15%的高价格的？ • 卡特公司是否做好了准备，通过满足客户对高附加值产品的需求来创造利润？在短期内公司能实现怎样的目标？ • 针对可植入装置的市场需求，卡特公司是否准备好为之进行资本投入？

图6.4 针对利基型制造业的问题分析法举例

数据需求

业务分析需要有数据支持。根据业务性质的不同和分析程序的差异，能够获取的数据量各不相同，从基本堪用到浩如烟海都有可能。对一家准备周全的公司来说，投资银行通常会向其建议，要注重收集有关业务的运营和财务信息。数据通常会存放在电子数据库中。某些情况下，卖方甚至会雇用咨询顾问采取进一步措施，委托实施卖方尽职调查。

买方及其咨询顾问不可避免地会要求获取进一步的经营数据，来开展商业尽职调查。不要误入歧途，要求取得自己所能想到的有用的所有信息资料。这些信息不见得能够取得，这种请求也会惹恼卖方管理层，而你自己可能根本用不上这些信息。这里面的技巧在于，要根据主要问题和自己准备采取的问题分析方法，来确定到底需要哪些信息。然后你就能明确提出信息需求，并利用这些信息，透彻了解所有业务内容。

> **清单6.1　针对管理层提出的数据需求**
>
> 商业尽职调查团队应当向管理层提出需求，要求他们分享公司拥有的市场信息资料。这份清单只是一个引子。实际的数据需求，要根据主要问题和问题分析方法来确定。
>
> **市场**
> - 市场报告/市场数据来源。
> - 交易杂志/网站。
> - 交易展览目录/网站。
> - 交易协会和业内关系。
>
> **客户**
> - 按账户分类的过去三年的客户数据，依据是收入、产品结构。
> - 所有的客户调查报告。
> - 客户采访清单。
>
> **其他**
> - 战略规划。
> - 发展报告。
> - 组织结构图，尤其是销售和分销结构。
> - 主要的业内关系（协会、供应商、监管者等）。
> - 经营数据及主要的业绩指标（如使用率、入住数据）。

对买方来说，目标企业的业务或战略发展规划方面的内容属于核心资料，需要尽量掌握并做出评估。而验证这些资料的背景信息及相关影响，则属于商业尽职调查团队的职责。在很多情况下，对于目标企业的发展前景，卖方的企业财务部门往往已经通过信息备忘录的形式进行了整理演示。信息备忘录是一份销售文件，是卖方推销自己的最好方式。要当心以下信息：没有资料支持的债权、只涵盖特定期间的财务数据、3D图片资料或者没有从零开始标注的夸大的图片信息。同时也要确定，目标企业的发展规划是由管理层起草的还是由咨询顾问代劳的，搞清楚这一点也很有价值。

管理层可以提供公司业务的衡量标准。尽管其可能并非完全基于财务数据，但关键业绩指标（KPI）确实是实实在在的数据。就如同其他分析所参考的指标一样，你需要确定哪些衡量指标是真正相关的。

举例来说，关键业绩指标可能包括：

- 宾馆入住率。
- 产能利用率。
- 产品退货率。
- 咨询/服务员工利用比。
- 销售转化率。
- 平均客户收入。
- 客户保留率。
- 广告投入产出比。

按照公司各部门或者跨年进行内部关键业绩指标分析可能有一定意义，但真正的价值，还是要通过与竞争对手的对比才能体现。这要求我们进行细致的规划，并具备高超的沟通技巧，这样才能确保从目标企业竞争对手那里取得的信息真实可用，才能进行有效的对比。唯有如此，才能评估确定目标企业的特定业绩表现或发展趋势是一枝独秀还是一般水准。

案头研究

如今人们坐在计算机前，就可以轻松接触海量数据，因此工作的重点，已经从如何获取足够信息，变成如何才能挑选出相关的信息。案头研究员们经常挑出那些有趣而有用的信息。但与此同时，他们也常常掉入各种陷阱：可能是找到了一些有趣的信息，但与手头问题无关，或者是找到了信息，但信息内容存在缺陷。第一种情况属于噪音扰动，第二种情况则会产生误导。为了避免制作出低质量的分析报告，即无用输入导致无用输出，我们需要制订案头研究的方案。

许多二手资料都有一定的局限性。这些资料涵盖了大范围的市场信息，但对于利基市场往往一笔带过。这些资料往往并不是最新的。有时候，人们会信奉通过这些资料做出的对增长的预测，这是一种危险的倾向。事后看来，这些预测往往是错误的，而且它们也没有注意到不同市场的细致差异。因此，除了案头研究，我们也不要忘了，拿起电话进行沟通或者走出办公室进行交流也是非常有价值的。

制订案头研究方案的基本原则

- 利用问题分析法，通过结构化的工作计划，来确定你到底希望得到哪些信息。
- 把案头研究的成果与整体的调研和分析工作结合起来。
- 不要仅仅关注常规信息渠道，要广泛地打探，看一下哪些渠道来源与所要调查的市场关联度最高。
- 要不断地质疑所取得信息的准确性：

- 是否相关？
- 时效性如何？
- 样本规模、范围和期间是否合适？
- 信息来源可信度如何？信息来源可能受到哪些方面的干扰（如信息是否受到说客或者压力集团的资助）？

• 取得信息之后，要清楚自己将如何使用这些信息。

会见管理层

会见管理层是既重要又敏感的一个阶段。这一阶段的工作是后续工作的基础，必须细致认真地对待。

管理层讨论

最好在商业尽职调查计划启动之初，就与目标企业的管理层见面沟通。此时会见的目的是：

- 向他们说明，商业尽职调查小组知道自己正在做什么，也了解整个事情的敏感性，并且将不会影响公司目前的商业往来。想象一下，如果有一群咨询顾问正在采访你最优质的客户，你该多么担心，而且这还没考虑额外的风险，即这些人可能泄露你正在销售的产品信息。
- 对于公司业务和市场形势，要有一个透彻的概括总结。
- 要把沟通取得的成果推销出去，在微观策略层面上对公司业务进行概览，公司管理层也将从中受益。这也是在与客户沟通时的一项公关衍生产品。
- 要协商确定商业尽职调查团队可以与哪些关键的管理人员进行沟通。他们很显然将会成为并购交易的内部知情人。

- 要列出数据需求的概要，并解释清楚为什么需要这些数据。
- 要协商确定商业尽职调查团队在与客户和其他业内人士接触时应采取哪种方式。要获取这些客户的详细信息。
- 要公开沟通渠道，这样随着工作的推进，一些关键的议题就能够得到充分的讨论和验证。

这段时间对管理层来说意义重大，包括自身生计在内的众多因素都处于关键时刻，对作为公司拥有者的管理层来说，这可能就是他们的退休方案。而其中最为重要的就是，尽职调查流程自身所面临的压力环境和扰动因素。管理层通常会低估尽职调查流程的影响。由于与管理层沟通可能十分敏感，我们最好借助有经验的调查人员的工作。买方最不希望出现的情形就是，卖方打电话通知说，一帮聪明的年轻咨询顾问正把管理层引入歧途。对商业尽职调查团队或者负责该项工作的其他咨询顾问来说，如果此时他们没有与管理层建立起良好的互动关系，那么随后要想有效开展工作就将面临重重困难。

市场和客户深度研究

对市场和客户进行深入研究是商业尽职调查最重要的一项工作内容。通过这一阶段的工作，买方能够掌握目标公司的真实商业情况，而不仅仅浮于表面，后者是每一位买方都将会看到的内容。

客户评估

客户才是真正付钱的人。切实搞清楚这种状况是否会继续下去，是任何商业尽职调查最重要的内容。卖方一定会极力宣扬自己的客户是多么满意，要想了解真实情况，买方有多种方法对客户忠诚度和消费意愿是否能够持续进行评估。这些方法包括：

- 对客户进行深度定性访谈。
- 不那么详细地量化访谈。
- 集中对特定群体进行调查。
- 内部调查。
- 客户数据分析。

上述方法各有利弊。对于每种方法在什么时候最为有效，表6.2提供了相关建议。

表6.2　客户忠诚度和消费意愿评估

方法	适用情况	优点	缺点
深度定性访谈（细致的、有专家主导的半结构化讨论）	重要客户的数量有限	能得到细致深入的调查结果 有利于梳理出重要问题 能发掘出隐藏的问题	费用高昂
量化访谈（高度程序化、市场调研式的）	客户数量基数较大 以数据为重要表现形式，支持量化访谈的结论	可以对更广泛的数据型相关样本进行调查	调查内容的范围相对狭隘
集中调查特定群体（8~20位客户，由主持人引导的受控调查环境）	特别适用于需要对细分产品进行深入调查的情形	能对客户需求和行为进行详细的深入调研	样本规模有限 费用相对高昂 可能受到强烈的个性化样本的影响
网上调查（通过电子邮件邀请受众回答预先设定的问题，通常有激励措施）	针对很大规模（超过1 000人）的客户	样本规模十分庞大 结果以数据为支撑	速度相对较慢，需要3周才能完成调查 只能覆盖有限的几个话题
客户数据分析	较大规模的客户群	样本规模十分庞大	无法衡量非客户信息 基础数据通常不连续 只能进行历史分析 客户动机通常不明确

也可以把这些方法组合使用。例如，如果事先有深度定性访谈作为铺垫，那么网上调查的效果将得到极大的提升。

商业尽职调查团队也要确定受访客户的样本群体，尽管从某种程度上来说，需要管理层提供相关建议，确定哪些人作为采访受众才能取得最好的效果。管理层还要提供详细的联系信息。要当心出现这种情况，即管理层提交的受访客户是经过挑选的，同时还不让商业尽职调查团队接触问题案例。

在执行得当的情况下，网上调查的成效正不断增强。这种调查方式具有的优势是，可以涵盖全部客户信息。但这种方式也有缺点，即无法涵盖潜在的客户，同时前客户或不满意的客户不太可能对调查进行回复。

清单6.2列了一些基本的议题，根据业务情况及并购交易的实际要求，可以将这些议题用于分析。

清单6.2 并购方客户分析的潜在议题

- 客户细分：
  - 客户类型。
  - 购买行为。

- 按客户划分的购买分析及历史趋势：
  - 每位客户的平均收入。
  - 客户保留/流失情况。
  - 一篮子产品或服务的采购情况。
  - 采购频率。
  - 生命周期价值。
  - 巡回销售/销售渠道。
  - 新客户来源。

- 新客户、回头客户、流失客户的区别。
- 客户满意度：
  - 根据主要的采购标准进行排序（如价格、质量、送货等）。
  - 净推荐值。

这些分析的大部分内容可以让买方看清客户的发展趋势，并得出有关收入变动、客户行为变化等情况的结论。可以先集中分析客户行为的某一方面，也就是客户细分，然后看看这部分的分析结果与整体分析结果之间的关系。

客户细分及关键采购标准

在采购之前，客户会对供应商进行评估，但供应商往往并不清楚，客户的关键采购标准到底有哪些，他们只看到交易表面上已经达成了。每个市场的客户需求之间都存在差异，甚至每个客户的需求也有所不同。这就凸显了对市场进行准确细分的重要性，也表明准确理解客户需求的不可或缺。

案例：搬家公司

表6.3表明，搬家公司的一部分客户主要考虑价格因素，即使一些稀有的书或者餐具丢失了或损坏了，也比不上省下来的钱重要。而对其他客户来说，最重要的是每件物品都要保存完整，价格仅是一个次要考虑因素。另外一些人对搬家的过程十分重视，搬家服务最重要的是服务质量，即要求彬彬有礼的服务体面，他们更加关注搬家过程是否顺利。

表6.3　搬家公司不同客户之间差异化服务的主要采购标准

客户类型	主要采购标准
价格驱动	价格最低
物品驱动	避免损坏或损失
压力驱动	充分的关注和重视

关键成功因素

关键成功因素所界定的是，一家公司要想实现目标达成策略，应当具备哪些条件。对一家运动汽车厂家来说，关键成功因素可能包括研究开发、工程设计和品牌宣传等。这些因素能够提供客户所需的性能表现和卓越口碑。而对一家家用汽车厂家来说，关键成功因素可能包括广泛的销售渠道、质量管理和市场营销，以此提供价格优势、增强可靠性和确保转售价值。

表6.4展示了关键采购标准（KPC）和关键成功因素（CSF）之间的联系，以及如何通过关键绩效指标衡量这两个因素。

表6.4　自行车市场中关键采购标准、关键成功因素以及关键绩效指标之间的关系

部分	低端	中端	高端
关键采购标准	价格 可获得性 时尚	质量 品牌 价格	性能 设计/创新 品牌
战略（价值定位）	以零售商的自有品牌名义，通过百货商场以及折扣店销售低端自行车	以制造商的自有品牌名义，主要通过专业零售商销售价格适中的自行车	销售针对自行车爱好者的高价自行车
关键成功因素	全球资源配置及低工资的组装线 与主要零售商签署供货合同 高效的供应链	成本效率 质量形成的口碑 营销渠道	组件和组装线的质量控制 创新设计元素 声誉和品牌管理

续表

部分	低端	中端	高端
关键绩效指标	每单位成本 销售商数量的增加 平均库存水平	每单位成本 收益比例 订单时间	缺陷自行车的比例 顾客满意率 品牌认可度

注重保密的同时提高对客户的洞察力

很显然，对于公司外部人士，尽职调查团队的成员不能把客户调查的真正原因透露出去，因此它需要与管理层签署协议，就调查的一些基本情况达成共识。最好的方法通常是让目标企业同意尽职调查团队的说辞，即由他们代表公司及管理团队实施战略调查或客户关怀计划。这项工作需要目标企业管理层的全力配合，并且必须要与公司的客户关系管理计划保持一致。曾经有一家目标企业拒绝实施客户关怀计划，而是一味地鼓吹说，公司从未开展客户调查，自己的客户也会知道这一点。对于这样一家高调的目标企业，我们很容易就可以预料到，相关的并购交易最后会不了了之。

如果要代表目标企业对客户进行调查，那么就要把该调查项目告知直接与客户联系的一线员工，否则可能会产生尴尬的情况并造成混乱。

管理层也可以主动提供已有的客户调查信息。对于公司实施的客户服务调查，很少有公司能够达到一个实施良好的商业尽职调查所要求的专业性和精细度。因此，事先调查的价值更多地体现在提供背景信息上，这一点是毫无疑问的。

卖方或者交易的财务顾问可能会试图对客户调查施加限制。尽管保护商业机密、维持客户关系无可厚非，但阻止买方与那些知晓企业真正优势和劣势的人在保密或中立的基础上进行交流，是不被认可的。对调查的过度限制，往往会产生适得其反的效果。买方就会琢磨，卖方到底想隐藏什么,而如果需要,对一个训练有素的商业尽职调查团队来说,通过不具名的市场问卷调查,至少能够得到客户的部分真实信息。

其他市场参与者

在本章,我们已经对案头调查和客户分析进行了介绍。现在我们将对其他的一些主要信息来源进行说明,见图6.5。

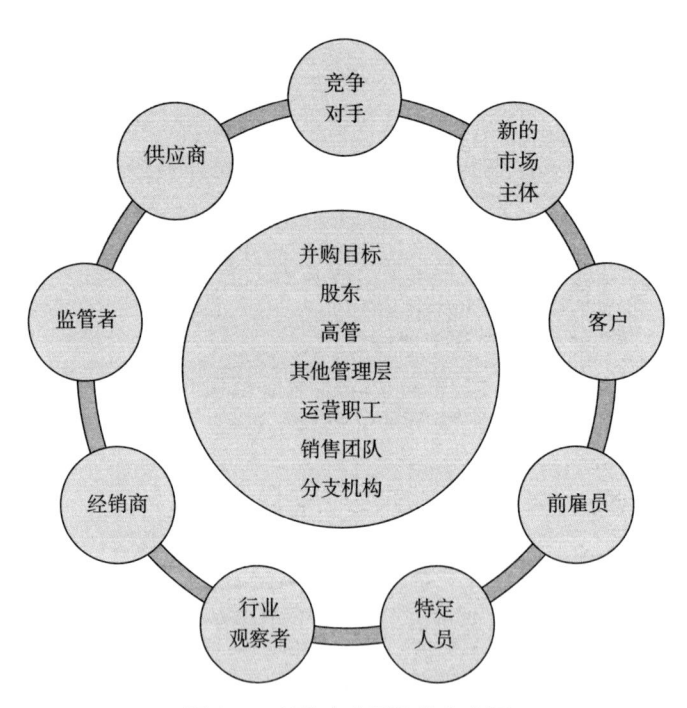

图6.5 并购方主要的信息来源

为了真正了解并购企业的价值,你可能需要回答一些问题,如果能根据这些问题的性质,把调查范围扩展到特定的客户群体之外,就会带来更有价值的信息。这可能包括与经销商、监管者、竞争对手、行业观察者及市场上的其他相关主体进行交流访谈。即使是在像电信、金融服务这样信息资料完备的行业,相关的调查仍然十分重要。我们

调查并购目标 6

要对业内权威的公开数据报告进行充分解读，但是如果不与相关的市场主体进行沟通，却想对市场进行准确的划分，或者希望对市场的主要驱动因素进行细致的分析，那将是一件不可能完成的任务。

经销商、批发商、代理商、零售商，或者其他销售产品的人，几乎都与最终用户处于同等重要的位置。在某些市场上，这些渠道或者经销商实际上就是公司的直接客户。对于目标企业详细的运作情况及其产品的优劣，他们比最终用户拥有更大的发言权。

有时，厂家和经销商之间的关系并不那么单纯。以一家法国的顶级金融服务企业为例，其过半产品都是通过一家全国性的经销商来销售的。通过询问得知，对于与这家企业签订的长达7年的合同中的部分条款，这家经销商表示了强烈的抵触。在合同签订之初，这些条款是被双方接受的，但随着行业形势的变化，已经逐渐过时。该企业固执己见，拒绝修订合同条款，因此该经销商准备一旦合同到期就进行调整，而合同到期也是一年之内的事情。这将会使该金融企业的销售额减少一半以上。

在某些市场上，特定人员可能具备与客户及经销商同等的影响力：如果建筑师特别指定一种产品或"类似产品"，那么建筑商就极有可能采用这类产品；医生属于医疗机构和护理机构的特定人员；信息技术咨询顾问会指定电脑硬件和软件；教师会指定学校教材。

监管者对行业也会产生深远影响，尽管其影响方式往往不是那么明显。当英国政府开始鼓励就业者独立支配自己的养老金时，它可能并没有预见到养老金行业会出现强制销售，并由此造成恶劣的影响。监管者也能够发现并打破卡特尔垄断，以英国市场为例，铜管的价格被管制了长达10年的时间。对这些制造企业实施并购的买方十分不明智，因为它随后会发现，自己不得不与一家或多家建造企业的批发商对簿公堂，后者声称自己已经亏损了很长时间。

151

以下是商业尽职调查的一些例子，其中的重要考虑因素是监管政策的变化：

- 目标企业正在欧洲各国推行替代性电话号码查询服务。欧洲各国对电话号码查询的管制放松之后，新的服务提供商看到了市场机会，但监管执行效率不高，加上现有企业对自由化的抵制，阻碍了这些企业进入市场。在这种情况下，新的市场主体只能慢慢地回收其巨额的市场投资成本，此前完美规划的商业方案就此失效。
- 目标企业生产的是特种保险箱。英国监管者要求，这种保险箱要能够抵挡热喷枪15秒钟的冲击。而德国监管者要求，这种保险箱要能够经受住坦克的冲击。正如许多行业一样，欧盟委员会必须"协调"这些差别极大的监管规定，而在商业尽职调查过程中，确定监管立法的未来趋势是十分重要的。通过与相关欧盟理事会成员及众多的业内消息人士进行交流可以看出，更为严格的德国标准不会在全欧洲推行开来。
- 目标企业为卡车生产商提供零部件。这些零部件属于"无商标产品"，也就是它们要与原部件一样，满足同样的技术和性能要求，但这些零部件并不是由原始设备制造商（OEM）生产的，也不能标注其商标。实施这起并购的一个重要原因就是，公司产品有可能出口到其他欧洲国家，这也就意味着，需要搞清楚欧洲大陆监管机构当前对类似的"模仿"产品到底是什么样的态度，未来发展趋势如何。

供应商也可以成为完美的信息传递者，当供应商视目标企业为重要客户的时候更是如此。如果你希望收购一家福特代理店，那么弄清楚福特对这项业务的态度和前景预期，就成为一项很重要的工作。如果你要收购一家电线生产商，或者其他的资本密集型制造企业，那么与目标企业的主要设备提供商进行交流，就是一件很有价值的工作。他们很了解目标企业的情况。他们甚至可以把目标企业的资本支出或生产效率与其竞争对手的情况进行比较。供应商通常希望了解目标市场的更多信息，乐于看到对客户的投资，这让他们愿意与外部人员进行交流。

尽管许多人认为，对竞争对手进行访谈要么根本不可行，要么会让人望而却步，但竞争对手也可以成为不错的信息来源。不管怎样，如果能够采取合适的方式进行接触，对任何希望倾听的人来说，竞争对手通常会愿意谈论其对手的弱点。在与竞争对手交流时，可以提问的一个理想题目是："因此，既然这样评价，如果你在经营XYZ公司（目标企业），那么你会怎样做呢？"在这些情况下，可以通过付费利用像奥法塞（AlphaSights）这类专家网络公司，来获取竞争对手的相关信息，前提是作为雇主的买方不排斥这类付费服务。

前雇员也很了解企业的运作，但要想把他们也纳入这类调查中并非易事。借助领英（LinkedIn）等社交媒体以及专家网络公司的帮助，要找到企业的前雇员是非常容易的事情。这些前雇员的观点有时也不完全可信，因为他们有自己的小算盘，更不用说当他们是在不利情形下离职的情况了。但他们也能成为优秀的信息提供者。比如，一家市场领先的仪器公司的客户一致同意，由于目标企业一流的研发能力，该企业的产品属于市场最优。再与市场主要竞争对手的研发部门员工进行沟通，很容易发现，他们都是最近才被从目标企业挖过来的。这种情形表明，目标企业的管理层正在削减其研发部门，目的就是在这个表现平平的年度粉饰业绩。这些措施短期内可能很快见效，但从长期来看，在这样一个竞争日益激烈的市场中，该公司很明显将会因为新产品短缺而受到影响。

在进入市场展业之前，新的市场主体通常会开展大量的独立调查，因此他们的观点和方案一般都很具有参考价值。尽管企业采取的大部分措施都以某种方式进行过宣传，比如，在一个技术市场中，市场调研公司通常能够得悉某些潜在市场动向的风声，但是想要找出这类公司通常并非易事。

诸如贸易记者、贸易协会的领导者以及学者和咨询顾问等行业观察者，都会密切跟踪各自行业的市场动向。与这些人进行沟通，他们能够向你介绍行业的详细概况及其面临的问题，还能把你介绍给其他有用的联系人。但这种沟通也有不利的一面，那就是他们通常有自己的日程安排和固有限制。对贸易协会来说，其领导者要避免被看作把一家会员企业的利益放在其他会员企业之上，因此，他们可以帮助归纳行业的典型特征，但不能针对个别企业发表评论。贸易记者通常十分健谈，也乐于同感兴趣的外部人士分享他们的看法。通常来说，行业划分越细致，他们就越容易接触，也越愿意发表意见。

人们为什么愿意提供信息

接受电话访谈的人手头可能拥有海量的信息。人们通常十分健谈，提供的信息远超限度，而不是保持沉默。但如果想要让电话访谈实现最好的沟通效果，选择合适的方法就十分重要了。清单6.3列出了成功的秘诀所在。

清单6.3 与行业主体进行交流

- 借助推荐人或介绍人的帮助，比如：
  - X公司（目标企业）让我们帮忙调查其服务质量，并开展顾客关怀计划。
  - 贸易协会的弗莱德说，要想了解这个领域，你是最优人选。
- 我们已经把所有企业（全部的重要市场主体）纳入了这次调查范围，因此绝不会遗漏贵公司。

- 要表现得友善，能够激发兴致并具有鼓动性，让受访对象主动配合。
- 关注受访者自身情况。如果人们从事的是一份有意思的工作，在谈论这份工作的时候，他们实际上是在谈论自己，而这也是他们最喜欢的话题。
- 鼓励人们思考。如果向一群聪明而又积极的采访对象介绍一套流程或者一种情况，那么他们就将从中获益，因为这个过程能让他们就这一话题展开有序的思考。他们会享受这个以自己为主导的谈话过程，其原因不是因为能够进行肆无忌惮的自我吹捧，而是因为在这个过程中，他们实际上是在梳理回顾自己的观点。
- 要提供回报。对有经验的咨询顾问来说，他们的访谈成果，能为最了解市场也是最挑剔的受访者提供价值。一项好的商业尽职调查访谈应该是双向的沟通，而不仅仅是从一些无辜的受访者那里榨取信息。

人们是否会讲实话

开展商业尽职调查的难度已经不小了，调查对象有时候还会有误导性。尽管他们不是直接说谎，但是就是没有说出实情。这样的情形包括：

- 不记得，或者记错了一些重要的信息。
- 对问题形成了错误的解读或错误的理解，因此提供的答

> 案是用来回答另一个问题的。比如，他们会说明所有种类苹果的市场规模，而不是仅仅针对绿苹果进行解释。
> - 他们并不知道事情的详细信息，却认为如果表现得不如自己认为的那么聪明，就会感到尴尬，因此他们会提供一些善意却有误导性的回答。
> - 把一些信息遮掩起来，因为他们不知道这些信息会用于哪些方面的用途。
>
> 有经验的调查者会独立思考，并能够发现错误或不一致的信息，随后就能够采取恰当的方式，针对这些信息进行进一步提问。

分析

在分析阶段，需要把所有内容整合到一起。通过分析形成对并购交易的深刻认识，买方就能够做出合理的决定。商业尽职调查与企业战略概览或者其他的战略营销调查在很多方面类似，这些是公司在推出新的产品之前采取的调查手段。商业尽职调查也利用了这类调查所采用的很多技巧和工具。

市场分析

影响商业尽职调查的关键因素有很多，其中市场分析必然包括在内。不管怎么看，任何企业都属于其所处市场的产物，或者用沃伦·巴菲特（Warren Buffett）的话来说，"当声誉卓著的管理层接手因业绩表现而声誉不佳的企业后，最后剩下的也就只有这不佳的声誉了"。

进行市场分析，可不仅仅是购买最新的行业报告那么简单。有三项重要工作要做：

- 准确界定市场。
- 利用准确的数据进行相关分析。
- 找出到底是什么因素在推动市场运作。

市场界定和分析

市场界定不准确是分析中经常遇见的陷阱之一。我们确定知道目标企业的业务内容吗？我们对市场或者细分业务的界定准确吗？尽管市场公开报告具有参考价值，但它们也可能会误导，因为读者可能陷入更广泛的市场界定误区，报告对市场的界定可能超出公司运作的细分市场范围。

同样地，当搜集市场信息的时候，我们是否知晓公司的业务模型？公司的业务内容并不总是一览无余的，有时候企业会故意为之。商业尽职调查的任务，就是透过这些表面信息，通过回答以下问题，来为买方提供清晰的解答：

- 公司是否有多种业务模式？
- 哪部分业务赚钱？公司利润的来源是什么？
- 公司业务在价值链中的定位是什么？
- 公司以往增长的动力何在？
- 本类业务成功的关键因素是什么？
- 在公司业务中，哪些属于核心业务？哪些不属于核心业务？
- 对于公司业务的每一部分来说，其真正的竞争对手有哪些？

举例来说：

- 夏威夷的一家直升机公司可能并不属于运输行业，而只是高端旅游业的噱头。
- 当美国电话电报公司收购 NCR 公司的时候，它认为自己收购了一家信息技术企业，但实际上得到的是一家依托于机器设备的公司：国民收银机公司（National Cash Register）。
- 我们都能分辨出英国航空、维珍大西洋航空（Virgin Atlantic）、易捷航空（Easy Jet）以及瑞安航空的区别。这些公司都有各自的生财之道：英国航空通过其伦敦中心，在内部航线之间调度其高级舱位。瑞安航空以量取胜，并通过低价加仓以及区域性机场来经营。

业务模式与文化

不要忘了，一个公司的业务模式可以反映出该公司的企业文化，反之亦然。从企业文化的角度，你绝不能随意调换各个航线的员工，这样只会导致员工更多的抱怨。对于那些不自己打印登机牌的乘客，要因此向他们收费，这是一种差异化的经营手段，可以为公司在头等舱供应香槟饮料提供资金来源。这就是为什么利用包括企业软文化分析在内的适当的业务模型分析，可以作为确保并购整合不对公司业务产生冲击的重要的第一步。

让我们把直升机的例子进一步拓展开来。它能够为来夏威夷度假的富人提供有趣的旅行体验。要对该市场进行准确的定义，就需要确定市场客户是谁，并搞清楚客户对自身所处环境的认知。这就要求我们了解各种旅游冒险项目和吸引游客的旅游项目，尤其要关注那些可能需要游客耗费 1 000 美元的项目。市场的分析报告不太可能对高净值游客进行单独区分，更不用说列出使用直升机的游客了。简而言之，市场分析报告将解决以下几个问题：

调查并购目标 6

- 来夏威夷的游客规模有多大？
- 花费1 000美元的旅游项目的占比是多少？
- 在这类游客中，有多少人可能会乘坐直升机游览？

如果没有准确的市场数据，我们可能需要通过近似数据和预测来进行分析。在这种情况下，旅游当局拥有完整的数据，可以为确定游客数量开个好头。但是针对随后的详细内容，我们就需要充分发挥自己的想象力了。比如，我们可以定义，每晚住宿花费超过250美元的游客属于高净值个人，我们也可以得到这类数据。我们也知道，首次来夏威夷的游客属于最有可能搭乘直升机的群体，因此就可以把这类人纳入随后的分析范围。

这是从供给的角度分析的。然后从需求的角度出发，我们可以提出如下问题：

- 有多少架直升机可以提供旅游兜风服务？
- 它们是否受到像飞行许可或着陆地点之类的监管限制？
- 飞行频繁吗？

从这个夏威夷直升机的例子中，我们不难看出，针对每种情形都需要提出问题，然后根据这些问题各自进行市场分析。清单6.4列出了市场分析的基本问题清单。当然，我们无须机械地对下面所有问题进行分析，只要选择适用的那些就行。

> **清单 6.4　市场分析潜在问题清单**
>
> - 市场界定。
> - 市场细分，比如：
>   - 产品或服务。
>   - 客户分类。
>   - 竞争对手。
> - 市场各部分增长情况。
> - 市场增长动力（积极和消极因素）。
> - 销售或分销渠道。
> - 产业价值链。
> - 业务模式对比。
> - 关键成功因素。
> - 市场吸引力，比如：
>   - 市场竞争程度。
>   - 易于替代程度。
>   - 市场准入门槛。
>   - 利润池分析。

市场驱动力

对市场进行了界定之后，我们就需要搞清楚，推动市场运行的因素到底有哪些。也就是说，市场驱动力有哪些？

继续沿用直升机公司的例子，我们的市场分析可能已经取得了不错的成果，已经弄清楚了未来到夏威夷的游客中，喜欢冒险或者兜风的高净值游客到底有多少，但这只是事情的开始。我们需要把一些因素分离出来，即会导致更多或更少客户来夏威夷的因素。从需求角度分析，相关因素可能包括高级酒店未来的发展水平，或者来自日本的游轮数量。

预测分析

商业尽职调查的一项重要内容，就是对目标企业的未来发展形势和可行性提出明确的意见。对预测进行分析的方法之一，就是建立相关市场的业绩成长模型，然后审查目标企业的预计增长率和市场增长率之间的差异。许多公司都宣称，自己所处行业的年度增长率是3%~4%，但这些公司自身的年度增长率的预测却是6%~8%。这意味着，该公司正不断取得更大的市场份额。在并购一家公司之前，你需要弄清楚，这家公司是否真正能够占领市场份额，而又有哪几家公司的市场份额正在萎缩。这时，可以用关键成功因素分析来比较两者的差异。如果一家公司被证明在成功因素上的业绩表现可以超出平均水平，那么我们就可以预计，这家公司的表现将优于市场。相反，如果一家公司在成功因素上的表现低于平均水平，那么即使该公司宣称可以跑赢市场，我们也很难相信。

这种分析的逻辑思路是，以客户信息和市场数据为基础，通过商业尽职调查对企业的各个利润组成部分进行预测，随后把这些预测与目标企业自己的预测进行对比。图6.6描绘了这个过程。

报告

商业尽职调查结束之后，你将会收到一份调查报告。坚持通过演示的形式来呈现报告的结果，其原因在于，仅依靠纸面上的文字，你将永远无法得知事情的全部。此外，根据同一事实得出的尽职调查报告，按照作者的不同，你将从中看到乐观或悲观的预测。

明确的结果

根据并购交易性质的不同、调查人员的不同，最重要的是受众的

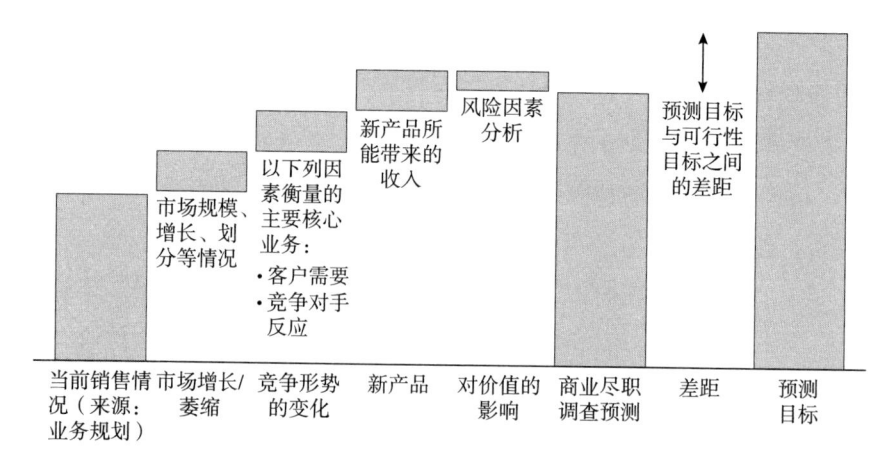

图6.6 收入之桥举例：商业尽职调查是如何用于业绩预测的

不同，报告的题目和风格将千差万别。商业尽职调查会占用3~4周时间，在很多情况下会更短。由于时间有限，商业尽职调查团队需要集中精力解决最主要的问题，也就是要把时间花在那些风险程度最高的问题上。

卖方起初可能对这份报告并不知情。但作为并购交易策略的一部分，买方可能会选择性地把部分或者全部报告展示给卖方，以此证明其业务价值低于原先的预计。

表6.5是一份商业尽职调查报告的标准格式，已经经过了时间的检验，得到了众多买方和投资者的高度认可。

表6.5 商业尽职调查报告的标准格式

报告主体部分	解释
内容	
调查范围	简介，包括主要问题及所采用的方法
背景	企业的基本数据，使报告的各类读者形成一个基本概念

续表

报告主体部分	解释
一页总结	一页重点问题，按照逻辑顺序总结出所有的主要问题
结论	针对所分析的每一个单独市场、业务单元和收入来源得到的结论
执行概要（可选）	对问题和结论进行的正式书面解释
分析	对问题分析和结论中所涉及的每一个关键概念所做的结构化分析。可以根据市场、竞争形势和未来前景进行分类。分析要依据实时信息：如果无法获得实时数据，那么就要采用其他的观点，只要这些观点有资料支撑
辅助数据	额外的市场数据，市场上主要机构的信息资料
附录	针对公司、行业及其客户的背景说明材料

商业尽职调查结论

商业尽职调查的过程，即对公司及其市场情况进行调查的过程。这个过程需要结合目标企业及诸如公开市场信息等二级信息来源，同时也要注重一级信息来源，也就是客户、竞争对手及其他市场主体的信息。商业尽职调查人员应具备的技能包括：对行业进行分析的能力、有效实施外部调查的能力，以及把所有信息与公司的竞争地位及业务发展规划结合起来的能力。商业尽职调查是降低交易风险最为有效的途径之一，也能帮助你达成有利的交易，提升并购之后的整合效果。

如前所述，商业尽职调查和财务尽职调查之间高度关联。事实也确实如此，一份财务尽职调查报告可能会涵盖大部分商业尽职调查的问题。实际上，商业和财务尽职调查分属两套差异很大的流程，尽管两者试图解答的许多问题都有重叠。两者最大的差别在于，商业尽职调查主要基于目标企业外部的信息资料，而财务尽职调查则主要依据从目标企业获取的信息以及与企业管理层的沟通交流。因此，商业和财务尽职调查在最终目标上殊途同归，都是为了对目标企业未来业绩情况提出看法。

为什么要同时实施商业尽职调查和财务尽职调查

简而言之，因为你将会看到从不同视角得出的结论。记住我们之前所说的，尽职调查并不仅限于确定公司资产价值或者挖出公司隐瞒的负债。并购交易的成功实现，要依赖于目标企业未来的市场业绩，而商业尽职调查是为数不多的尽职调查手段之一，可以帮助企业从市场上获得相关信息。

财务尽职调查则主要侧重于公司内部。调查团队对公司的财务记录进行分析，并与公司管理层进行深入沟通。在与公司管理层接触之后，他们通常会借助二级信息资料，并继续深入获取一手信息资料，比如向市场的积极参与者，或者市场的密切观察者，包括客户、经销商、特定人士、监管者、供货商、竞争对手及前雇员等询问。

商业尽职调查和财务尽职调查可以看作相互补充的两项活动，两者都是为了从不同的角度对目标企业的持续赢利模式进行解读：商业尽职调查是从外部进行分析，注重未来发展，而财务尽职调查则主要利用内部的历史数据进行分析（见图6.7）。

这两类调查工作应当协调配合，按照双方一致认可的业绩预测，推动调查工作共同取得最好的效果。两个团队应当彼此自由沟通，这不仅是因为不同的调查角度能给对方带来新的启发，也是因为每个团队的信息都能给对方带来价值。比如，对财务尽职调查团队来说，他们可能很轻易地就可以接触公司前客户甚至前雇员的清单信息。仅靠自身努力，商业尽职调查团队也能获得这些资料，但是需要花费更长的时间。与此类似，与会计师相比，对于市场规模、市

调查并购目标 6

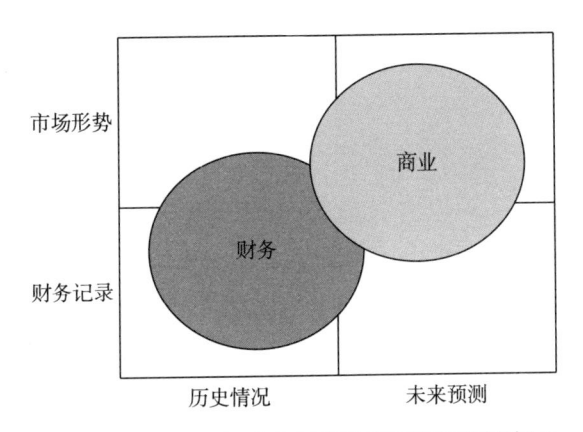

图6.7 商业尽职调查和财务尽职调查的资料来源

场构成及未来增长率等数据，商业尽职调查团队能够获得更为准确的数据。在业绩预测和形势分析过程中，财务尽职调查团队可以借鉴这些资料。

财务调查

需要搞清楚的主要问题

财务尽职调查不同于审计。财务尽职调查每时每刻都要着眼未来。这项工作的展开，需要不时地借助历史数据，但只有当能够洞察未来的时候，检索历史才具有价值。因此，财务尽职调查的目的是确定公司未来的持续盈利能力，并评估随之而来的风险。

财务尽职调查涵盖的主要财务指标包括：

- 收入。
- 资产。
- 负债。

- 现金流。
- 净现金或负债。
- 管理层。

收入

财务尽职调查要对目标企业的盈利能力进行评估，其原因在于，这项工作通常可以指引我们了解公司的未来表现。这就需要对公司整体及市场形势有着透彻的理解：工作的内容要远远超出确认并剥离那些非经常性损益或损失项目。

资产

财务尽职调查需要查看公司的各项资产。同样地，这项工作也需要着眼未来——尽管也要关注会计问题，但更需要了解公司的资产性质，了解其业务运行状况。如果资产的使用寿命即将耗尽，那么就会影响公司的现金流，在并购该公司之后，需要迅速更新这些资产。财务尽职调查也能确认该公司拥有但不一定需要的所有资产。

调查也可以采取将资产的市场价值与其账面净值进行对比的方式。比如，如果账面净值较低，则可能让人产生这样的误会，即公司长期内只需要较低的资本，从而使公司的盈利能力出现虚增。财务尽职调查也需要考虑资产的产权，售后回购交易可能是一种缓解资金压力的有效方式，也间接为并购交易本身提供了资金支持。

负债

对于负债的调查，应当集中在寻找那些尚未披露的负债项目，或者那些被低估的负债。这部分调查往往采取较为保守的方式，但是，潜在的核心目标没有改变，自然仍旧是确认那些预料之外的成本项目。

出资不足的养老金负债就是这方面的典型例子。

现金流

利润在多大程度上没有体现为净现金流？一项业务不产生现金流可能有很多原因，可能是这项业务需要巨额投资，或者这项业务增长很快，营运资本需求很高，耗费了现金。对于公司的新所有者来说，这些是十分重要的问题，因为他需要提供额外的现金，为公司的正常运转提供资金支持。

净现金或负债

对公司进行估值时，通常不包括现金和负债，如果公司存在这些项目，那么就会对交易价格产生影响。对公司的现金或负债水平进行评估并非易事。如果公司业务的季节性很强，如旅游业或零售业，或者如果公司在资产负债表之外使用了一些金融债务工具，那么对公司价值的评估就会变得更加困难。

管理层

财务尽职调查团队将与目标企业的管理层进行大量的沟通、讨论和会谈。因此，对于一个具备十足商业意识的财务尽职调查团队来说，它需要做好准备，对企业管理团队的优点、劣势甚至组织结构进行点评。有经验的买方会要求调查团队提供这方面的意见，因为它们很想知道，目标企业的管理层将如何融入并购企业这个新的团队。

信息来源

实施调查的会计师将从广泛的渠道获取信息，但几乎所有信息都来自公司内部。

采购清单

通常的做法是，向卖方及其咨询顾问提供一份详细的信息需求列表（或采购清单）。财务尽职调查的咨询顾问拥有清单的模板。有经验的调查人员知道，最好要对这些清单中的项目进行调整，以便契合每一项交易的特殊情况。有太多的尽职调查起步糟糕，就是因为各个咨询顾问向毫不知情的卖方提出了过多欠考虑的信息需求，各个需求列表之间高度重叠。可想而知，卖方对此一定会勃然大怒。随后，或者因为他们真的被惹恼了，或者因为一些战术上的考虑，卖方会借题发挥，将买方置于不利的境地，试图削弱其谈判地位。

附录 A 举了一个简略的财务尽职调查清单。

与目标企业的管理层进行沟通

沟通交流是大多数财务尽职调查的重要组成部分。这项工作通常是基于公司的信息记录展开的，但负责调查的会计师会避开那些不易弄清楚的问题，而希望不断加深自己对目标企业的了解，增强对公司优势、劣势、潜力及软肋的认识。与目标企业管理团队的多名不同成员进行沟通，能够进一步弄清楚这些问题。比如，可以把公司总经理、财务总监及生产总监的观点进行对比。

对管理层来说，企业出售的过程充满着不确定性，这是一段不怎么愉快的经历，因此负责调查的会计师需要保持敏感，随时关注每笔交易的不同情况和每位管理人员的日常安排。一名新招募的管理者可能很少有"包袱"，更能接受对业务的批评，而对于一名在公司长期担任管理职务的人来说，尽管其对公司拥有建设性观点和细致入微的了解，但可能较不客观，他们会把对公司的任何批评等同于对其本人的批评。

作为花了多年时间为企业打拼的人，企业所有者自然更倾向于从积极正面的角度来看待这家企业。但对于与企业"一起出售"的专业经理人来说，他的观点则完全不同。他可能会迅速"转换立场"，立刻表达对买方也就是未来雇主的认同。他甚至有可能希望从消极的角度来看待这家企业，这样并购之后企业业绩的回升，就将归因于管理层随后表现出来的良好的管理能力。

目标企业此前的咨询顾问

负责尽职调查的会计师需要浏览目标企业的审计工作底稿并与审计师进行沟通，这是市场的通行做法。这主要基于以下两个原因：

- 为了对目标企业及其业务形成初步印象。
- 为了评价审计工作的质量，由此确认所有清晰的审计结论都有合适的审计证据支撑。

但是，目标企业需要正式给审计师授权，允许他们公开审计工作底稿，并且审计师通常需要负责调查的会计师及其客户签署"免责"协议，确保自己不被起诉。就这项工作及相关文件进行谈判的过程可能十分痛苦且非常缓慢，而且即使这样，审计师也可能不会迅速公开其审计报告。有时候甚至根本达不成一致意见，迫使买方及其咨询顾问不得不另寻他法，例如通过扩大调查范围来实现目标。同样地，只要沟通的问题可以解决，那么负责调查的会计师也应当与目标企业的税务和法律顾问交换意见，这些沟通会很有价值。

财务尽职调查报告的内容

一份典型的财务尽职调查报告的内容包括：

- 历史介绍和业务活动。
- 组织结构和员工构成。
- 信息制度体系。
- 会计政策。
- 销售收入、销售成本、毛利润。
- 现金流。
- 净资产。
- 税收。
- 与养老金计划相关的财务问题。
- 财务预测。

下面我们将依次对这些内容进行介绍：

历史介绍和业务活动

财务尽职调查的主要目的，是要对目标企业的可持续盈利能力进行评估。之所以要回顾公司的历史信息，目的是深入考察公司业务的潜在盈利能力。

在对目标企业的历史信息和业务活动进行考察时，需要考虑的问题如下：

- 股东的历史变动。这种变动可能是有益的，也可能有其他影响，比如变动表明公司的创始人淡出企业，剩下的股东可能都属于不好对付的类型。
- 管理层的变动。近期公司失去了重要的经理人，可能会立即对公司的业务产生影响，但我们也可以从中看出公司业务或市场形势的变动。目标企业为什么无法留住关键经理人员？也许是因为经营策略出现了分歧，或者经理认为公司将很快走下坡路。对商业尽职调查团队来说，公司的前任经理是很好的采访对象。
- 公司因即将出售而出现资本支出不足的情况。降低投资水平，可以减少折旧额，增加现金流，从而推高利润，但会牺牲公司未来的盈利能力，从长期来看是不可持续的。企业的新东家将不得不大举投资才能迎头赶上。
- 过度依赖少数供应商。这将会使公司的风险增加。
- 过度依赖少数客户。这种依赖将会把公司暴露在风险形势下。要认识到公司为什么会依赖少数客户，是否可以采取措施减少这种依赖，这一点十分重要。
- 周期和季节波动。如果买方对此经验不足，这将会产生一些出乎意料的情况。在市场周期的高点买入会使出价过高。
- 竞争威胁。举例来说，可能是因为新的竞争对手进入市场，或者高新技术出现。
- 与主要供应商发生纠纷。这类纠纷可以通过沟通访谈发现，也可能是观察到向供应商的付款出现延迟，或者目标企业已经换了另外的供应商。
- 质量控制问题。欠款单据较多，说明退货频繁，这就表明出现了质量问题，或者通过信用控制调查也能看出端倪，客户付款缓慢通常是由于不太满意。

组织结构和员工构成

法律尽职调查要关注公司与管理层及员工的合同关系。财务尽职调查应评估的是，并购之后员工是否能够继续把公司业务带动起来。负责调查的会计师主要关心以下内容：

- 严重依赖少数经理人。这可能要求买方采取措施，把这些管理人员紧紧地"拴住"，否则就需要寻求合适的继任者。私人经营的企业或公司制企业都有可能出现管理团队急剧萎缩的情况。
- 企业文化。如果一家公司的企业文化迥异于买方企业，那么通常会导致随后爆发的文化冲突，这会伤害并购企业，且很难进行有效管理。玛莎百货与布鲁克斯兄弟从来就没有真正同心协力。
- 重叠。与买方的管理团队出现重叠，其实是一个机会，但并购交易完成之后，买方要早做打算，及时应对这种重复的情况。由于高度重叠以及"工作分担"，旅行者和花旗集团的合并酿成了一场灾难。

财务尽职调查也能够发现有关员工的一系列问题：

- 超时工作。目标企业可能存在大量加班加点的情况，这在长期来看是不可持续的。尽管愿意支付高额的加班费，但当办理登机手续的员工拒绝加班时，英国航空公司还是不得不取消了部分航班。
- 合适的技术工人的短缺。这可能会影响公司的业绩增长潜力。
- 强有力的工会组织。员工可能加入了强有力的工会组织，这使得在企业所有权变换的过程中，工会的反应成了一个重要的管理因素。福特公司就曾经与捷豹的工会组织费力纠缠。你还应当小心避免的情况是，因为这次并购交易，你把工会引入了自己的企业。
- 员工流动性过高。如果员工流动性过高，那就反映了公司业务存在其他问题。

- 工资水平及其他工作待遇。就工资水平或其他工作待遇而言，目标企业可能与买方存在天壤之别。对于要求把所有员工的报酬水平基本拉平的要求，企业很难拒绝，而这就会提高并购后企业的成本。举例来说，当英国航空公司受够了丹纳尔航空公司（Dan Air）之后，就曾深受这个问题的困扰。
- 减员的难度。由于企业的组织结构、相关成本或程序的影响，冗余员工可能难以清除。为了关闭其在巴黎的办公室，联合科技（United Technologies）耗费了数千万美元。

信息系统

如果一家企业的信息系统薄弱，那么对其开展财务尽职调查很可能就比较困难，调查时间可能超过约定时限，而且与对那些拥有强大信息系统的公司进行的调查相比，相关费用要高不少。良好的信息系统还能从整体上增强人们对企业的信心，他们会认为公司是按照精心制订的计划运行并得到了妥善管理。

会计政策

即使整体调查范围有限，在财务尽职调查过程中，对企业会计政策的调查依然属于重要组成部分。公司报告的业务利润在很大程度上依赖于其会计政策及其应用。负责调查的会计师需要认真检查公司会计政策的变动情况。他们还需要观察这些政策的具体应用，尽管这并不是一件容易的事情。

从跨国的角度来看，这个问题就会进一步彰显：不同的国家采用不同的会计政策，导致报告结果差异很大。对金融负债的定义十分重要，因为它会简单而直接地影响对目标企业的报价，该报价是通过谈判确定的，其中扣除现金和金融负债的金额。

在会计政策和信息系统调查过程中，我们应关注以下问题：
- 收入确认。即使各公司所采用的会计政策类似，长期合同的收入确认方法依然可能千差万别。
- 折旧率。不同公司类似资产的折旧率可能差别很大。
- 准备。包括商誉在内的投资跌价准备可能差别很大，因为它们可能与或有负债、滞销或废旧存货以及长期未付的应收账款相对应。这些准备金的计提都是主观的，都可以用于虚增利润。
- 存货计价。存货计价永远是争论的焦点，对制造业更是如此，因为对存货的最终计价将会影响公司宣称的利润水平。

销售收入、销售成本、毛利润

公司的业务价值主要取决于其创造的毛利润水平。财务尽职调查会确认并剥离那些临时因素和营业外收入项目，对公司业绩的整体表现进行评估。

在对一家家用电器零售商开展财务尽职调查时，人们注意到了该企业毛利润的稳定发展趋势。这家零售企业的毛利润严重依赖其存货成本，而存货成本又严重依赖于公司从供货商那里得到的销售返利。销售返利与采购数量直接挂钩，只有当在这家供应商处的采购数量超过一定水平时，才会进行返利。返利将会在1月份支付，其金额要根据零售商在前12个月的采购量来确定。这家零售商的会计期末是9月份，因此它在账目中就得把这些销售返利进行计提。公司管理账户及本年预测中并没有计提销售返利，那么公司的毛利润为什么会保持稳定呢？通过财务尽职调查发现，公司在产品层面计提了返利，这不仅是会计处理的失误，也会产生极强的误导作用，因为本年的采购数量并不多，无法为公司带来返利。

营运费用的检查通常更容易，只需要对逐年的变动情况进行解释，辨识出特殊的费用项目，并对与费用预算基础相悖的变动做出说明。这样就可以对营运费用的变化趋势进行预测。

财务尽职调查团队可以借助多种信息来源对公司的交易结果进行评估。通常调查的起点是法定项目和管理会计信息。调查也会特别关注非官方信息，因为公司的管理层可能会借助这些信息来监测和控制业务的运行，而管理层往往对这些内容秘而不宣。这些信息能帮助调查者加深对业务的了解，当然也意味着，公司的管理和控制体系存在改进的空间。

现金流

财务尽职调查团队需要理解会计利润和现金增值之间的关系。如果公司迟迟不能产生现金流，却一直存在会计利润，就可能意味着，该利润及相关的会计处理方式值得怀疑，这些利润可能不是真实的。

调查还需要分析公司的现金管理水平。公司财务运转是否有效？公司管理层是否充分理解现金流？是否能够对现金头寸进行预测并加以管理？

净资产

我们已经说过，针对资产和负债进行的财务尽职调查，并不同于对这两者实施的审计工作。审计通常是基于历史数据，确定这些项目的真实性，并对其价值进行评估。而对财务尽职调查来说，公司资产和负债的价值在于，它们能够对公司未来的收益做出贡献。

无论如何，对于资产的核查，可以以会计记录作为起点。财务尽职调查需要评估的内容包括：公司是否拥有合适的资产，资产的质量是否达标，公司是否可以利用这些资产满足当前和未来的业务发展需求，公司是否迫切需要进行大额投资，以便购进新的机器设备，或者公司是否存在这样的资产，虽然从会计和审计的角度看都无可厚非，但不适应公司业务的发展，应当进行处置。

对于负债项目的检查，也可以以会计记录为起点，但检查的关注点应当是那些没有记录在会计账簿中的负债项目。一名拥有丰富经验的调查者需要清楚地知道，如何通过沟通交流来发现这些项目，尤其是与那些与财务不太相关的员工（比如生产部门或销售部门的员工）进行交流更能取得奇效。

对公司的资产和负债项目进行检查时，可能涉及的问题如下：

- 创新融资方式。公司可能对其主要经营场所拥有不动产的所有权，这样买方就可以考虑签署售后回租的协议，从而带来现金流。
- 过时的生产设备和系统。超期服役的生产设备可能让公司在竞争中处于劣势。福特公司发现捷豹工厂的资本投入严重不足，为此在并购之后不得不付出高昂的成本。
- 多余资产。公司可能有一些针对非核心业务的固定资产投资，这些投资较易处置，不会损害公司的主营业务。
- 跌价准备计提不足。例如，公司可能对外提供了大量担保，但从公司资产负债表来看，公司没有对这类担保计提足够的跌价准备。
- 潜在的诉讼。通过董事会会议记录以及其他非正式的会议记录，我们可能发现一些潜在的诉讼，但公司账上没有针对这些项目的计提准备。

税收

财务尽职调查团队经常被要求，要对目标企业的税务事宜实施高水准的检查，对于那些公司与税务机构可能发生争执的领域，要特别予以标注。所有完整的涉税调查都要有合适的税务专家来开展。要确保公司各类咨询顾问的工作能够协同一致，否则调查的成本可能更高，但结果却不一定更好。

在尽职调查过程中，需要同时关注目标企业及并购交易本身这两个方面的税收筹划问题。

下面列举了一些在财务尽职调查过程中可能会遇到的税务问题：

- 转移定价。如果出现了为逃避税收管辖而进行的集团内部转移定价，那么可能就是一个大问题，此时需要充分认清这个问题，以避免随后可能给公司带来的严重影响。
- 贷款。要注意跨越不同税收管辖权向目标企业提供或者由目标企业提供的贷款。
- 管理费。要注意每一笔管理费，尤其是那些跨越不同税收管辖权地区的管理费。
- 税收抵免。对于因研发投资而带来的任何税收抵免都要加以关注，以防随后出现问题。
- 抵税亏损（tax losses）。在并购交易中，如果把抵税亏损作为买方未来将会享受到的收益，那么这一定是有人在耍花招。卖方当然希望把这些卖掉，但买方可能不会为此付款，这无疑是正确的，买方可以辩称，对卖方来说，这类资产不可能产生价值，而对买方来说，这些资产的价值也存在不确定性。
- 税收管理的可能性。可以对税务结构进行改进，比如，公司可以通过税务规划，在不同的税收管辖权国家对贷款利息进行 $1/3 \sim 1/2$ 的税收抵减。

与养老金方案相关的财务问题

财务尽职调查的重要内容之一,就是要充分了解目标企业的养老金方案,对于企业未来预计要产生的成本,取得明确而实时的信息。养老金的价值可能远高于目标企业本身。同样地,养老金可能跨越未来许多年的时间,甚至在员工已经不再受雇于这家公司的许多年之后,这笔费用仍需要支付。

需要注意解决的问题包括:

- 估值。养老金计划的估值和资金来源,包括基于精算模型的估值基础。
- 无资金来源的负债。任何没有资金支持,且已经向个人雇员或董事许诺的养老金。
- 或有负债。当前尚未形成、未来因诉讼而发生的或有负债项目。
- 合规情况。对养老金法律法规的合规情况。
- 并购交易达成之后的养老金协议。并购交易达成后,对过去及未来需要提供的养老金的协议规定。
- 过渡安排和未来预期。目标企业雇员的劳动就业权及对未来的预期。

尽职调查所需的大部分信息都可以通过以下渠道获得:

- 各项方案的委托书和制度规定,包括修正方案在内。
- 成员单位的说明手册及声明文件。
- 年度受托报告及方案账户信息,包括最近一期及前一年的文件。
- 公司账户(养老金方案成本及披露信息)。

- 最近一期及上一期的精算估值报告，与精算文件相关的信息资料。
- 买方和卖方经常就养老金方案的净值问题争执不下，在到底是将其作为资产还是负债这个问题上纠缠不休。因此，精算专家提供的咨询服务的重要性就显现出来了。买方可能需要委托他人实施独立的估值计算，因此，在并购过程中，及早把养老金的问题摆上台面显得十分重要。

财务预测

从逻辑上说，财务尽职调查的终点是对目标企业的财务预测进行评估。通常对财务预测的评估包括两方面内容：

- 根据最新的管理会计信息，结合近期销售情况，对当年的财务进行预测。
- 除了本年预测之外，要对未来 2~5 年的财务表现进行评估。这在很大程度上要借助商业尽职调查团队的工作成果。

要形成观点，而不是罗列事实

在选择实施调查的会计师时，很重要的一点是，要看会计师针对公司财务预测提出观点的质量的高低。会计师很担心被起诉，因此他们有可能只描述财务预测的内容，但买方实际上需要了解的，是这些财务预测的质量水准。会计师至少应当就财务预测中的尽职程度提供一定的保证，并且说明预测所采用的主要假设是否基于合理的判断。

财务预测的准备工作

在进行财务预测之前，会计师应当了解预测的相关背景，就以下问题展开调查：

- 目标企业的财务预测经验。比如，公司是否存在正式的预算流程？在一些由所有者自己管理的企业中，可能并没有正式的财务预算，或者只有一个销售目标，而且公司也没有根据这个目标来开展业务。
- 以往预测的准确度。目标企业可能从来都没有实现预测目标，这就表明，目前企业所做的预测同样也不太可能实现。
- 负责把预测落到实处的相关人员的参与程度。负责做出预测的人员可能并不会深入参与目标企业的经营管理。该预测是否由总部办公室那些负责兜售企业的人做出，却没有本地管理人员的积极参与。
- 溢价因素的影响。如果存在交易溢价，就会对参与预测的相关人员产生影响。比如，买方甚至可能倾向于低估公司未来的业绩表现，以此在谈判过程中轻易实现交易溢价。

公司在进行预测的过程中，经常会设想目标企业未来业绩出现飞跃发展。要对这些预测进行检查验证，以此确定公司的问题所在，并根据实际情况进行必要的调整。

与商业尽职调查联系起来

商业尽职调查更注重分析市场状况、竞争态势和未来业绩发展。而负责财务尽职调查的会计师感到自己最为欠缺和最不擅长的，就是分析公司未来的销售业绩，这再次验证了商业尽职调查和财务尽职调查团队合作的必要性。

对未来预测的检查

除了要查看商业尽职调查报告，会计师还要通过以下措施，来评估预测的可信度：

- 将企业以往的业绩表现与对未来的预测进行详细的对比分析。
- 尽可能多地找寻销售业绩的切实支持证据,比如,公司提价是否已经得到客户的认同?如果没有,那么公司以往成功提价的秘诀何在?竞争对手又是如何实施价格政策的?
- 要查看公司的销售价格、采购价格和生产成本,以测算公司的利润水平。就目标企业与其供应商的关系来看,哪一方拥有更多的话语权?相对而言哪一方更加独立?哪一方掌握着主动权?
- 将历史费用信息与预测的费用支出进行详细的检查对比。

并购协同效应

预测通常是根据单一的假定前提做出的,而没有考虑到所有权变更的影响。在某些情况下,买方和目标企业可能会紧密合作以便形成协同效应,而财务尽职调查也会把协同效应及协同成本考虑在内。

法律调查

何为法律尽职调查

法律尽职调查的目的就是,让目标企业未来发展能有一个良好的法律基础。比如,在借款合同或租赁合同以及大额供应商合同等关键合同中,"控制权变更条款"十分常见,这个条款可能是一把双刃剑。它可能帮助企业取得长足的发展,但一旦触发该条款,就会面临针对关键合同条款进行重新谈判的风险。

在3类主要的尽职调查中,法律尽职调查与达成交易关系最为密切。法律尽职调查与双方最终买卖协议的谈判关系最为密切,这一点不奇怪。附录B收录了法律尽职调查问题清单,对尽职调查应当涵盖的内容进行了描述。我们可以看到，最主要的就是要对资产和负债进行核实，并确保目标企业交易的完成在法律上切实可行。这听起来可能有点奇怪，但要想出售一家公司，就需要一些特定许可和资产处置，比如处置目标企业对母公司债券的持有份额，获得并购管理部门的许可，征得供货商或客户的同意，对员工认股权进行处理或转换。

某些许可可能不是特别明显，但如果没有遵循正确的流程，交易就会变得一团糟，随后付出的代价也十分高昂。这并不是说，法律尽职调查就是打钩。像所有类型的尽职调查一样，法律尽职调查也要着眼未来，它可以确保：

- 目标企业就知识产权拥有合适的权利。
- 合适的供货商和客户合约都已经到位且十分稳固。
- 具备合适的雇佣合同。
- 目标公司当前和计划的业务活动能够遵循所有相关的法律要求。
- 公司当前不存在重大纠纷，这类纠纷可能会在并购交易完成后导致代价高昂、费时费力的争议出现。

为什么要实施法律尽职调查

买方和卖方会签署法律协议，就并购交易的条款取得一致，这项协议会囊括各种法律保证条款，把之前卖方承诺的所有内容确定下来。众所周知，这些保证和补偿条款从理论上意味着，买方可以省去法律调查工作。但大多数买方并不会这样做，其原因在于，一旦出现问题，卖方已经拿到了钱，买方很有可能需要提起诉讼。诉讼不仅费用高昂，而且耗费时间，分散精力，但不一定能胜诉，而且即使胜诉，买方赔本基本上也是板上钉钉的事。从历史经验看，买方往往只能收回

50%~65%的成本。提早查出问题，发现那些导致交易破裂的因素，并在企业估值和价格谈判过程中把这些因素考虑进来，显然是更为明智的选择。

从买方的角度来看，卖方承诺及保证的真实程度，正如协议的其他条款一样，都依赖于谈判双方各自的议价能力。卖方通常不愿意做出全面承诺，允许买方在交易达成前提前结束谈判，或者做出损害赔偿。

相应地，卖方应当鼓励买方开展尽职调查，这样自己就无须再做出全面的承诺。买方应当积极广泛地实施尽职调查，以此代替大量的声明和保证。因为尽职调查在很大程度上依赖于卖方提供的相关信息，卖方在协议中需要保证提供的信息都是完整、准确的。

除了再次确认那些铁一般的事实，法律尽职调查还能发现此前没有发现的问题。当卖方真心认为自己的企业不存在问题，而尽职调查发现了一些问题的时候，这种情况就出现了。通常情况下，卖方并非主观不诚实或者有意误导，而只是不具备相应的专业技能来发现法律问题。对一家软件企业的并购，就是一个很好的例子。软件板块的代码通常由外包商负责。法律对于谁拥有上述代码的版权进行了明确的规定。除非特别声明，其版权为作者所有。从卖方的角度看，只要能够使用并带来收入的，就应当属于公司的产品。而从买方的角度看，如果一家公司并不能拥有其所有产品的产权，却还要为这家企业付出高价，显然是不怎么划算的买卖。

法律尽职调查的信息来源

一套典型的法律尽职调查通常包括多个步骤。它们分别是：

- 实地观察。

- 发放书面问卷。
- 访问数据库。
- 披露函。
- 产权证书。
- 取得专家报告。
- 公开信息收集。

实地观察

法律尽职调查团队都希望亲身观察目标企业的经营场所。这样做的原因在于，与公司股东相比，高层管理人员更希望向买方展示企业的实际情况。如果卖方试图限制访问，你应当反对这种做法，尽管律师可能对于保密内容和交易情况十分敏感。

发放书面问卷

下一步，法律尽职调查团队会向卖方递交一份详细的书面清单，涵盖附录 B 中的各项问题。如前所述，应当针对这笔交易的各项细节提出标准的信息需求，同时也要协调咨询顾问的各类需求，以避免重复索取造成混乱。

访问数据库

如果存在多位潜在买方，卖方就可能专门准备一个数据库，把有关目标企业的所有信息收集起来，以供潜在的买方浏览。这样做是为了向潜在买方提供充足的信息，鼓励他们提交针对性的竞标申请。首选竞标者通常被允许开展标准尽职调查。各家数据库资料信息的深度和质量千差万别。不要抱有太高的期待，否则你可能会失望。

披露函

在某个阶段,卖方会针对法律问题做出"答复"。披露尽可能多的信息是符合卖方利益的,因为买方通过这种方式获取信息之后,就不能以此为借口采取法律行动。因此,披露函本身就属于尽职调查信息来源的一种。举例来说,其中可能会包含公司当前面临的一系列诉讼清单。

披露函通常要更新多次,每一次都披露出更多的信息,也可能引发公众针对已经披露的信息提出更多的疑问,并寻求更多更详细的解答。要确保卖方不会到最后一刻才发出披露函。到了这个时点,"函件"这个词可能让人们产生误解,因为就大型或复杂的交易而言,文件甚至可能有一档案柜那么多!如果最后披露的文件内含有全新的信息,那么就可能使交易流产,因为买方需要重新考虑交易的相关内容。如果能尽早公开披露函的内容,就能让尽职调查按时完成。

产权证书

买方需要搞清楚,目标企业是否拥有其物业的所有权。快捷的验证方式之一,就是让目标企业的律师把这些产权证书寄送过来。这比实地调查更省时省力,因为相关律师已经知晓了全部信息。还有一个优势,那就是寄送证书资料属于职业责任保险的补偿范围。

取得专家报告

在交易过程中,可能需要专家顾问就特定问题发表看法,比如环保风险评估等。这类报告耗费时间很长,因此需要及早准备。同时也需要双方达成一致意见,同意对经营场所展开调查。

公开信息收集

调查也要覆盖从公开渠道获得的信息资料。买方不应当完全依赖卖方提供此类信息,还要验证卖方提供的信息的真实性。

需要开展多少法律尽职调查工作

法律尽职调查并不需要覆盖目标企业的方方面面。正如其他类型的尽职调查一样,法律尽职调查的秘诀在于,把注意力放在最重要的方面。具体包括:

- 了解自己尚未知晓的重大潜在风险。
- 要对估值模型中目标企业的潜在盈利能力进行验证。

与那些诸如私募股权机构之类的投资者相比,与目标企业同处一个市场中的买方,在面对尽职调查的程度和范围等问题时,通常会更有底气。专业的咨询顾问总是会不断扩展其工作范围,从而提高收费标准,而律师则会认为,做得越多就越不会被起诉。

结论

尽职调查不仅仅是确认目标企业是否符合你的预期。商业、财务和法律尽职调查以及这些调查工作的分支工作应当集中关注的,既包括企业未来的业绩表现,也包括本次并购交易的风险和交易机理。

尽职调查工作应当集中于以下 5 个方面,以避免造成时间和金钱的浪费,具体包括:

- 核实资产和负债。
- 确认风险并进行统计量化。
- 通过价格调整、提供保证和赔偿等方式,针对这些风险为双方提供保障。

最重要的是:

- 确认协同效应。
- 确认并购完成之后的规划。

尽职调查并不是简单地在法律或财务方面投机取巧。这项工作所涉及的是,在很短的时间内由许多人深入挖掘整理大量不完整甚至相互冲突的数据信息。负责实施尽职调查的人所面临的挑战在于,他需要高瞻远瞩,不能迷失在细节中,需要拥有深刻的见解和丰富的经验积累,准确判断哪些属于关键信息,哪些属于非关键信息,而最重要的是,他需要采取项目管理的方式有序推进这些工作。正如很多事情一样,要想取得最好的结果,就需要在合适的时间由合适的人按照合适的方式来做合适的事情。并购交易很引人瞩目,但尽职调查却并不是这样,因此人们往往没有对尽职调查进行恰当的规划和管理,得到不理想的调查结果也就可想而知了。

ACQUISITION ESSENTIALS
A Step-by-step Guide to Smarter Deals

估值

导语

估值并不是什么神秘的事情。人们经常掉入的陷阱是，认为存在一种数学方法来计算企业的价值，企业的价值可以用一个"准确"的数值来衡量。企业的价值不是固定不变的，也没有确切的衡量标准。虽然早已经是陈词滥调，但一家企业的价值，就是愿意出售的卖方和愿意出价的买方协商一致的价格。因此，企业的价值在事后才能得到体现，如果你在交易之前想把企业的价值计算出来作为参考，那么可能不会有什么结果。

首先，我们澄清有关估值的几个误区，然后看一看在实践中是如何对企业进行估值的。

估值不只是专家的工作

明白了相关技巧和原则后就会发现，估值其实没有那么难。这些技巧当然不应该局限在咨询顾问或专家手中。深度参与企业的估值过程有许多好处，它会让你深入了解有哪些细节影响了企业的价值，这些影响因素发挥作用的领域，并购之后双方在哪些领域可以产生协同效应，以及这些协同效应应当如何实现。并购市场的效率不容忽视。好的交易并不容易达成，这需要在做出交易决策时严格遵守相关原则，包括真正理解所要并购的对象，知道如何才能通过并购业务创造价值，由此也清楚自己如何才能收回此前所付出的并购溢价。估值能够让你知道，这次并购交易的风险和敏感区域到底在哪里。

不存在单一的数值

　　实际上，并不存在对企业的准确估值这回事。价值，就是买方愿意为一项业务所支付的金额。这个金额可能千差万别：有证据表明，当一项业务至少存在 4 个临时书面邀约时，出价最高的可能要比出价最低的至少高出 50%，有时候翻倍也有可能。很显然，买方和卖方对估值的看法有很大区别。根据你身处卖方还是买方的位置，你会得出不同的估值。但你可能会问，双方基于同样的数据库，采用同样的估值方法，怎么会出现这种情况呢。答案是双方都做不到。每一方都会利用估值方法得出最好的答案。比如，卖方可能会对此前公司所实现的估值倍数很感兴趣，因为这是与市场价值最为近似的参考值。从买方的角度看，至少在冷静理智的情形下，它希望能够支付最低的可行价格，但这个价格要足够到卖方愿意出手，同时又能比其他所有人愿意出的价格高。这就意味着，所要报出的价格，要足够说服卖方出手，同时打消其他感兴趣买方的并购意愿，让所有人都相信，买方愿意付出的价格，超过卖方对公司价值的心理预期。买方的报价上限，就是目标公司自身的价值。如果买方需要付出更多，那么就毫无意义了。

7 估值

举例　实操中的并购定价

实操中有关并购定价的典型案例,当属1994年英国乐购公司(Tesco)并购罗威廉公司(WilliamLow),当时股东获得了9 300万英镑的溢价,这比乐购公司的最初报价高了60%,而这一切要归功于英国塞恩博利公司(Sainsbury)的竞争。

经过一系列艰苦的谈判之后,乐购公司最初的报价定为每股225英镑。这相当于对公司的估值为1.54亿英镑,罗威廉公司也接受了这个报价。如果塞恩博利公司没有横生枝节,这原本就是交易的全部情况。塞恩博利公司发起了恶意并购,每股出价305英镑,比乐购的出价高出35.6%,直接把罗威廉公司的价值推高到2.1亿英镑。很多人认为,塞恩博利公司加入报价争夺战的唯一动机,就是推高乐购公司的报价。但乐购公司的咨询顾问意识到,如果不是希望把罗威廉公司的业务发扬光大,它可能根本就不会加入这场争夺战中。

乐购公司管理层坚信,凭借自身的行业优势地位和经验积累,自己将从罗威廉公司的并购中获得最大的价值。因此,乐购公司决定进行第二轮报价,每股出价360英镑,较首次报价高出了60%,由此把这家英国超市运营商的价值锁定在2.47亿英镑!

因此,不要被那些复杂的数学模型所迷惑。相反,我们应当牢记:

- 独家谈判的买方很有可能获得更好的交易结果。
- 如果存在竞争买方,那么卖方的股东就处于有利地位。
- 一家企业的价值,就是买方愿意为其付出的价格(在上例中,罗威廉公司的价值要比乐购公司的最初报价高了9 300万英镑)。

- 对于一家公司究竟价值几何，或者售价多少，并没有统一的标准。

估值过程总结

图 7.1 对上面所描述的估值流程进行了总结（并在很大程度上进行了简化）。估值流程可以分为 5 个步骤：

- 评估目标企业的内在价值，比如对目标企业单独进行评估所得到的价值。为此，买方需要预测企业的未来发展情况，由此估计其未来利润和现金流。同时，买方需要评估企业剩余资产的变现价值，这将提高企业的估值。
- 减去交易成本和重组成本。这两项成本可能很高，但在并购交易的狂热氛围中，人们经常低估甚至忽略它们的存在。①
- 评估整合收益——要做到细致入微。这是你作为买方能为企业带来并购收益的来源，也是你必须支付并购溢价的原因所在。如果你无法指明整合收益到底能从哪些方面体现出来，或者这些收益应当如何实现，那么除了问问自己，到底要为这家企业支付多少钱，你还需要进一步思考，到底要不要实施这次并购。
- 评估这项业务对其他感兴趣的买方到底有什么价值。
- 要根据之前的交易记录和可比企业估值所用的利率水平，来计

---

① 这显然取决于交易的特定情形，但一般并购方需要支付交易价格的 5%~7% 作为咨询费，当然也可能还有其他的交易成本，比如印花税。

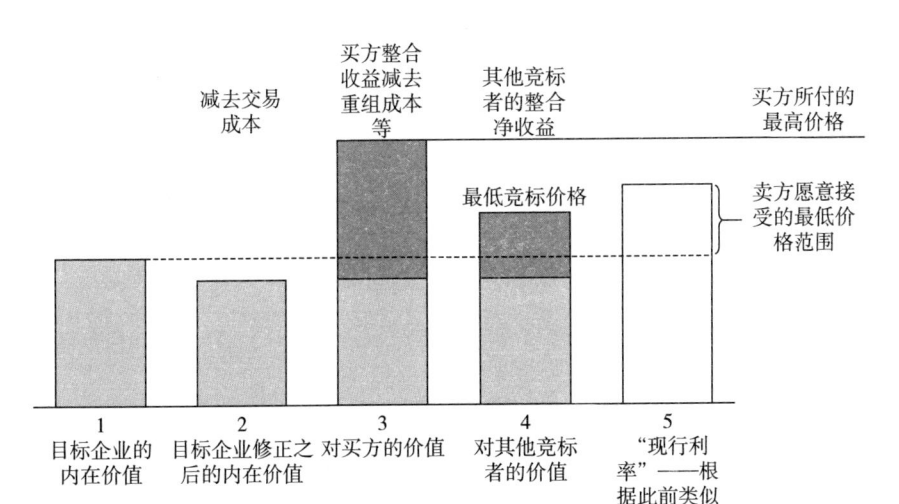

算这项并购业务的"现行利率",具体见图7.1。

图7.1 估值流程

1 目标企业的内在价值
2 目标企业修正之后的内在价值
3 对买方的价值（买方整合收益减去重组成本等；减去交易成本）
4 对其他竞标者的价值（其他竞标者的整合净收益；最低竞标价格）
5 "现行利率"——根据此前类似交易得来（买方所付的最高价格；卖方愿意接受的最低价格范围）

假定并购企业存在所谓的"内在价值",这是我们随后将要讨论的话题,买方所能报出的最高价,就是这个内在价值加上并购之后的整合收益。这个金额应当高于其他买方愿意支付的价格,否则就会面临出局的危险。这个金额还要高于卖方对价值的预期,否则它就会寻求其他买方或者选择不再出售。比如,在经历了一场公开拍卖和管理层并购的尝试之后,皮尔逊公司（Pearson）最终放弃了出售其商业出版部门的计划,原因在于,公司认为各家的出价均低于其对这项业务的价值预期。

卖方对企业价值的预期,通常介于企业的内在价值和企业预计的市场报价之间。市场形势可能会极大地提高企业的市场价值,而急于出手或者之前出售未果的情况,对于市场价值受到抑制的企业来说,可能会造成进一步的侵蚀。

195

估值并非完全是建模

我们无法说一家公司价值多少英镑或者多少欧元，还有一个原因，那就是估值具有多变的特点。通常这与人们对公司未来发展的预期相关联。从根本上看，人们购买一家公司，主要看重的是其未来的发展，而正如股票市场一样，未来的发展是不断变化的。1998—1999年，网络或电信业务的卖方确实有不错的进账。而到2000年3月，如果能够找到一位买方，他们就会感觉庆幸不已。让我们再看一下图7.1，柱1的面积表示的其实就是公司未来业务的现值，而柱5的面积则大幅缩水。原因何在？很难说，我们只知道，2000年3月，潜在的买方可能已经充分意识到，网络公司认为自己已经无法达到对其的预期估值了。

从这个例子中我们可以清楚地看到，预期其实就代表着一切。但预期与事实之间还存在很大的差别。当然，我们可以通过粉饰，把预期以数据的形式装扮成事实的样子，但一切尘埃落定之后，这些事实实际上是别人的估计，是他们对未来的预期。因此，潜在的买方或者卖方进行数据演算之前，需要好好评估一下未来的形势。我们可以采取多种方式，降低未来的不确定性，比如通过实物期权的方式进行估值，[1] 但任何并购方都应当意识到，估值涉及太多的主观因素，因此不是一个冷冰冰的数学计算过程。

人们购买一家公司，看中的是其未来的业绩表现。尽管历史并不能说明未来，但我们不能因此就完全忽略历史。首先，历史是

---

[1] 实物期权把决策树引入了贴现现金流法，认为未来的现金流是由一系列决策节点确定的，这些决策节点由现金流金额及其发生的概率确定，一家公司的价值，就取决于这一系列不确定的现金流的加权平均值。

你对未来进行预测的起点。历史的情况会为预测未来提供特定的场景。如果毛利率已经连续5年下滑,但这个形势却突然出现了翻转,那么进行预测的时候,就应该考虑到某些特殊情况。如果过去3年的损益起伏不定,那么你就会知道,预计未来业绩平稳发展的曲棍球曲线完全属于无稽之谈。如果想同时购买两家公司,那么通过观察历史的营运费用,我们就会知道,在哪些地方可以实现费用的压缩。

为了准确判断未来形势,我们需要了解一些基本情况。这就意味着,需要对以下内容有充分的认识:

- 市场正经历着哪些变化?
- 公司能够继续进行有效竞争吗?
- 能够实现多大的协同效应收益?
- 并购完成之后,如何才能实现协同效应收益?

我们说估值不仅仅是数字的游戏,还有一个原因,可以从图7.1的第三个和第五个柱体面积之间的差距中找到答案。差距的大小完全取决于双方的协商。在理想的情况下,买方不希望放弃任何的协同效应收益。当自己才是唯一一家能够把这些协同效应收益落到实处的公司时,为什么要放弃呢?但从另一方面来讲,卖方也知道,与自己对公司价值的预期相比,公司对买方的价值更高,因此很希望能够从协同效应收益中分一杯羹。

这方面的事实表明,在一项并购业务中,卖方的表现要远远优于买方。有证据表明,买方要么就是不善于就"内在价值"之上的溢价进行谈判,要么就是无法为并购交易增加多少价值。

计算协同效应收益

协同效应收益想起来容易，实现起来很难。并购方和咨询顾问通常会夸大协同效应收益的规模和实现速度。要尽量详细地计算每一笔协同效应收益的规模，精确计划如何才能把每笔协同效应收益落袋为安，并确定谁才能真正做到这一点，这些工作都十分重要。雄心勃勃的公司主管或者巧舌如簧的咨询顾问可能会简单断言，比如"可以节约10%的组合成本"，直接接受这些观点并不明智。一定要记住，许多收益的实现，都伴随着一定的成本，比如上线一套新的计算机系统或者削减冗余费用。为取得协同效应收益所发生的一次性成本也应当经过仔细的计算。一旦计算完成，通过整合所实现的收益应当单独列示，否则就存在收益可能被谈判对手瓜分的风险。

估值方法

在并购交易中，人们很重视沟通协商、专业判断和讨价还价等工作，在这种背景下，以数据为基础的估值技术为什么仍然那么重要呢？答案是，工作总得有个起点。对买方来说，他需要利用估值模型，计算出一家公司可以实现的预期价值，而对卖方来说，在收到一份详细的书面报价之前，他通常不会主动寻求报价。

常见的估值方法包括（按照有用程度大体排序）：

- 贴现现金流（DCF）估值法。
- 投资报酬率（RIO）估值法。
- 市盈率（P/E）及其他盈利指标估值法。

估值 7

- 可比交易估值法。
- 特定行业估值法。
- 每股收益估值法。
- 净资产估值法。

在对这些估值方法进行详细的介绍之后,我们将考虑特定并购案例估值所采用的方法。特定案例可能是一家初创公司,这家公司还没有交易记录,或者还不具备鲜明的品牌形象。

选择估值方法

实证研究表明,现金流而非会计利润才是创造价值的源泉。[①] 按照收益法,公司的估值基于一系列会计利润。换句话说,公司的估值基础,是会计师们计算出来的一系列会计数据,而非公司所创造的现金流。实际上,这种收益法貌似阐述了很多内容,但却毫无意义。

- 只有去年、今年或明年的利润才有意义。简单的市盈率不能涵盖一个完整的商业周期。
- 获得收益的时间并不重要。今年表现糟糕的公司,下一年就会恢复,这家公司的估值与一家表现异常优秀的公司并没有什么差异。
- 产生利润所需要的投资并不重要。也就是说,如果两家公司的利润相同,他们的估值就应当一致,而不管这些利润需要投入多少资源。这显然说不通。对一家建筑协会来说,如果存款分别是100英镑和50英镑,那两者的利息一样吗?

---

① 例子参见科普兰、汤姆、科勒、蒂姆和莫林、杰克的《估值:衡量和管理企业的价值》的第5章,由约翰·威利父子出版公司在纽约于1990年出版。

199

- 不同的会计处理方法理论上并不重要，但实际很重要。例如，在克莱斯勒公司（Chrysler Corporation）并购戴姆勒公司（Daimler AG）的时候所采取的会计处理方法，按照德国通用会计准则，利润是10亿马克。根据美国通用会计准则，则会形成10亿美元的亏损。
- 不同的财务结构并不重要。但实际很重要。杠杆会提高股东的潜在回报，但同时也会增加风险。按照贴现现金流的方法，一家公司的价值，就是其预期现金流的贴现，贴现所用的利率应当是反映现金流风险水平的利率。
- 短期股票市场价格能够反映公司的内在价值。但事实并非如此。一只股票的价格受到了大量的投机因素的影响。

利用多种估值方法

因为并不存在所谓的真实价值，买方和卖方都会采用多种估值方法。人们经常利用的估值方法有3种，这会形成企业估值的三角形（见图7.2）。

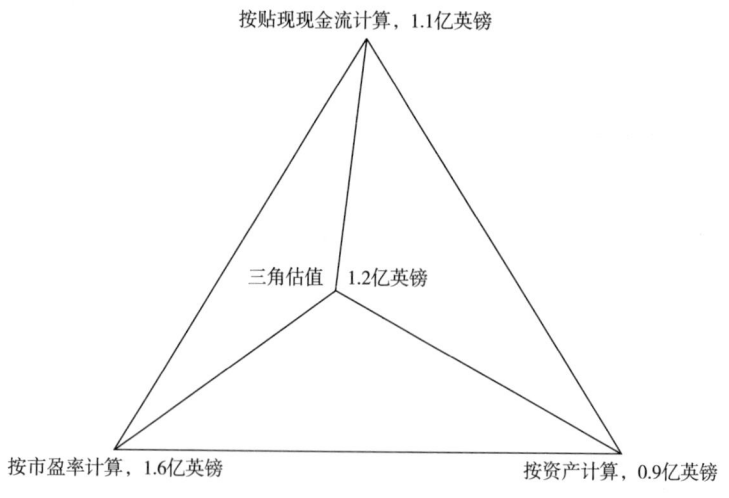

按贴现现金流计算，1.1亿英镑

三角估值 1.2亿英镑

按市盈率计算，1.6亿英镑　　　　　　按资产计算，0.9亿英镑

图7.2　利用3种不同的估值方法所得到的估值三角形

估值

利用多种估值方法还有一个原因，即可以互相参考。参考因素可能是类似交易的成交价格，如营业利润的倍数（并购价格除以营业利润），或者息税折旧摊销前利润（EBITDA，利息、税收、折旧和摊销之前的利润）的倍数。人们经常把息税折旧摊销前利润作为企业现金流的替代指标。通过这些方法，至少能让买方确信，协议价格能够与"市场"价格保持一致。

贴现现金流估值法

按照贴现现金流估值法，在同样的风险水平下，如果对某项业务的投资所带来的收益要高于其他业务，那么就会增加这项业务的价值。

这听起来可能有点复杂，但这种观点所要表达的是，如果非常安全，且随时可以提取的存款利率为4%，而你的投资能够实现5%的回报，那么就要大胆去投资。与此类似，如果东欧的电弧炼钢投资收益率为10%，而你能够取得11%的回报，那么你就可以做出投资决策。

流程

假设

有些人认为，与其他估值方法相比，贴现现金流估值法受到主观因素的影响较小，因为后者需要进行各种细致的假定和预测。其他人则认为这种方法属于单纯的主观判断，很容易出现问题。根据一位英国顶级私募股权投资者的说法，贴现现金流估值法实际上是一种典型的"电脑预测诈骗"。

如同任何事情一样，真相介于这两者之间。贴现现金流确实需要依赖一系列的假设，而根据假设情形的不同或者数学计算的差异，对企业的估值也会差别很大。另一方面，贴现现金流估值法确实也能促使买方深入细致地了解投资的各项细节内容，这也是这种方法的优势

201

所在。与其他方法不同，贴现现金流估值法要对以下内容做出细致的估计：

- 销量和售价。这类数据很少像公司资料备忘录中所说的那样平稳和乐观。
- 成本。通过并购，可能为企业带来更强的购买力，或者使企业在更高的销售额基础上分摊固定成本。
- 单项利润来源。很少会有公司将同一类产品卖给同一群买方。贴现现金流估值法促使买方考虑不同的利润来源。通常，这些不同的利润来源差别很大。
- 可能需要的额外资本支持。一项业务之所以被出售，通常是因为它们已经达到了一定的规模，需要新的投资支持或运营方式。从另一方面看，之所以有人购买这项业务，就是为了通过重组经营实现规模效应，因此一旦实施了初步的重组，公司就需要实现更低的资本支出。
- 营运资本的变动反映了营业收入增长或者更好的财务管理水平等情况。

因为需要预测企业未来5~10年的销售和利润情况，利用贴现现金流估值法进行估值使你不得不认清推动企业价值增长的驱动因素，明白这些驱动因素如何才能推动公司价值的实现。相应的计算机模型就提供了一个平台，通过实施敏感度分析，对各项假定变动的影响进行评估。

计算机模型

计算机技术的发展，让极端细致的计算模型的运用成为现实。但也存在一定的风险，如果分析师完全沉浸于细枝末节，他们可能反而忽视了更广阔的蓝图。

我们需要时刻牢记建立计算机模型的一般原则。模型要有完备的规划和存储机制，以利于他人的理解和运用。其他普遍认同的原则包括：

- 各种假设和其他可以弹性处理的数据信息，比如融资成本等，都应当在各自的部分进行详细说明。
- 每个数据的来源都应当是唯一的。这意味着，数据只录入一次，如果表格的多处需要引用这一数据，则可以通过其他部分进行跨越抓取。如果某一部分对数据进行了计算，而另一部分利用了该数据，那两者也应当能够互相参照。这样不仅能将录入错误降到最低，也为审计查询提供了便利。
- 基年信息需要与法定账户或管理账户协调一致。最好用3~5年的历史数据计算出每年重要的比率，以此作为依据，可以对同类比率的模型估计进行合理性检查。
- 要设计贴现现金流模型，以此计算资产负债表的相关数据。如果资产负债表不平，那你就知道有地方出问题了。为此，模型必须计算出每期的现金流，并根据所产生的现金流情况，对上期期末的债务数据进行调整。如果现金流是按照这种方式计算得出的，而不是像有些会计师喜欢的那样，简单利用两张资产负债表轧差得来，那么你实际上就能通过检查确定，这个模型的运作是没有问题的。

一位财务分析师对一家运营状况不佳的大型上市公司建模，分析师骄傲地把建模结果拿给公司董事长，告诉他说没什么好担心的，因为公司能够轻松负担未来几年的资本费用支出。董事长看了一下数据报告，然后对他说，尽管他的模型让人印象深刻，但遗憾的

> 是，资本支出的意思是需要付出资金，而不是收到资金。在这个模型中，分析师犯了一个简单的错误，把资本支出的正负号搞错了。分析师没有发现自己的错误，其原因就在于，在模型中他并没有使用资产负债表。

当然，数学校验并不会降低实施合理性检查的必要性：

- 资本支出属于费用，会带来存货和债务的增加。
- 大多数比率通常存在行业标准。
- 随着时间的推移，边际利润率通常会出现下滑。
- 随着时间的推移，商品售价会逐步下降。

数学原理

与各类稀奇古怪的公式所体现的内容相比，贴现背后的数学原理更加简单。花上几分钟时间来弄清楚这些基本的原则，尽管听起来好像有点枯燥，但从（有限的）脑力价值的角度看是十分值得的。从下面的阐述中，你就能够掌握有关贴现的全部知识。

如果借给我 1 英镑，我将在明年的这个时间还给你本金和利息。按照当前 4% 左右的利率水平，你预计将收回 1.04 英镑。

现在把上述提议反过来。如果你现在借给我 95 便士，一年之后的同一时间，我会给你 1 英镑。这笔交易划算吗？对你来说是划算的，因为如果你把 95 便士存入银行，那 12 个月之后这些钱会值 98.8 便士。如果能借给我并收回 1 英镑，那对你来说会好得多，当然前提是你认为，借钱给我的风险并不比借钱给银行的风险高。假如我让你现在借我 97 便士，一年之后还你 1 英镑呢？这笔交易就不划算了。按照 4% 的利率，97 便士在一年之后会值 1.0088 英镑，作为一名精明的金融家，你将通过协商的方式把 97 便士降低到 96.1538 便士。

假设利率还是 4%。如果我承诺在两年之后还你 1 英镑，那你现在能借我多少钱呢？答案是大约 92.5 便士。你的计算逻辑见表 7.1。

表 7.1 计算逻辑

现在的价值	明年的价值	两年后的价值
92.4556 便士	96.1538 便士	1 英镑

92.4556 便士按照 4% 的利率投资一年之后将会价值 96.1538 便士（92.4556×1.04），而且 96.1538 便士按照 4% 的利率投资一年之后将会价值 1 英镑（96.1538×1.04）。但是由于需要计算两年之后收到的 1 英镑现在的价值，你就需要把计算公式反过来，见表 7.2。

表 7.2 计算公式

现在的价值	明年的价值	两年后的价值
（1 英镑÷1.04）÷1.04=92.4556 便士	1 英镑÷1.04=96.1538 便士	1 英镑

这就是隐含在贴现背后的原理，但经常被描绘成高深莫测的样子，就像下面这个一般贴现公式一样：

$$PV = \sum \frac{CF_t}{(1+r)^t}$$

这个公式说的是，一项业务的现值（PV），就是每年自由现金流（CF_t）除以 1 加贴现率（$1+r$）的年数（t）次方，然后求和，公式展开就是下面这样：

$$PV = \frac{CF_1}{1+r} + \frac{CF_2}{(1+r)^2} + \frac{CF_3}{(1+r)^3}$$

如果现金流为100英镑、200英镑和250英镑，贴现率为7%（假设基准利率加上3个点的风险利率），那计算过程如下所示：

$$PV = \frac{100}{1.07} + \frac{200}{(1.07)^2} + \frac{250}{(1.07)^3}$$

$$PV = 472.22$$

自由现金流

自由现金流并非企业"无须支付"的现金，而是指企业可以自由支配使用的资金。自由现金流等于息税前利润，加上非现金支出（如折旧）减去经营性资产投资，比如营运资金、物业、厂房及设备等。

自由现金流不包括任何与财务相关的现金流动，如利息或红利等。许多人都觉得这个概念不好把握，但如果与日常经验结合起来，就很容易理解。想象一下，你准备购买一套房子。如果通过抵押贷款提供资金，你会希望多付款吗？你会希望少付款吗？不会的，不管是全部用现金、全部用贷款或者两种方式结合起来，你要付的钱都是一样的。那么，在进行贴现现金流的计算过程中，你还有什么理由继续考虑负债呢？确定一项业务价值几何，如何为这项业务提供资金，这是两项完全独立的决策。一间房屋的价值，取决于愿意购买的买方和愿意出售的卖方双方达成的协议。无论买方用现金，还是全部使用贷款，房屋的价值并没有什么区别。对于公司也是同样的道理，利用贴现现金流估值法对公司价值进行评估，依据的是公司业务经营所产生的未来现金流。就如同购买房子一样，不管是采取贷款的方式，还是利用权益进行融资，都与公司在持续经营条件下的基本估值毫无关系。表7.3说明了自由现金流是如何计算的。

表7.3 针对估值模型计算自由现金流

	营业利润	100
加上	折旧	29
减去	固定资产出售收入	(1)
加上/（减去）	存货减少/（增加）	(35)
加上/（减去）	债务减少/（增加）	(20)
=	持续经营条件下的净现金流	82
减去	固定资产投资	(21)
减去	子公司投资	–
加上	固定资产出售收到的现金	2
加上	投资出售收到的现金	–
=	息税前现金流	63

利用正确的数据

在使用自由现金流之前，我们必须尽量屏蔽对数据进行的会计调整。整理之后的数据将作为我们进行估值的基础。理想的情形是，利润就等于现金。大多数会计账簿上，这两者都差别很大。这种情况的出现有很多合理的原因，比如为适应业务增长而进行存货的积累，当然也有其他原因。会计准则的运用也会对数据报告产生很大的影响。为使用贴现现金流模型而获取"正确"数据的过程，通常也就是把会计师对数据的处理进行还原的过程。从买方会计政策的角度看，折旧和在建工程等项目的会计处理，可能与公司认为的恰当的要求存在差距。

还有一些项目需要从中扣除（或加入），那就是额外的成本。对私营企业而言，最主要的项目就是高管的奖励，比如，降低薪资使其与集团分支机构的其他高管齐平；终止与公司高管亲属、冗余人员的雇佣合同以节约成本；削减那些不必要的支出，比如高管专享的飞机、游艇以及海外别墅等。

最后，鉴于贴现现金流估值法与营运现金流相关，因此也与营运资产存在关系，我们需要把所有非营运资产排除在外。

还有一些特别麻烦的调整项目，我们列在了下面。请注意，下面部分项目可能对贴现现金流计算没有直接影响，但是我们仍应考虑这些项目，或者是需要对贴现现金流模型数据基础进行"清洗"，或者是因为这些项目会对最终的估值计算产生影响。

固定资产。如前所述，固定资产项目只应包括在业务经营中使用的资产，排除投资项目，比如有价证券。

经营租赁。经营租赁属于一种融资安排，如果影响重大的话，就应当作为融资处理。为此应将其进行资本化处理：

- 在利润表中，把属于该项目的利息支出从整体利息费用中扣除。
- 把隐含的本金金额同时加到固定资产和负债项目中。用利息费用除以利率，通常是本金金额的一个不错的近似值。

养老金的亏空和盈余。对于养老金计划的盈余和亏空，要按照以下原则进行处理：

- 对于盈余——视为承诺提供的贷款。
- 对于亏空——视为已经发放的贷款。

将利息确认为损益。为了保持资产负债表的平衡，留存收益也需要重新计算。

跌价准备。利润表中提取的那些准备金项目，或者是作为提取的储备资产，用于弥补未来的损失或成本费用，或者是作为准备金项目，用于熨平未来的收益波动。不管是哪种性质，未来在结转时都要从损益科目中转出，列支为成本。

资本费用。这些项目在许多方面与准备金十分类似，处理方式也应当保持一致。费用发生之后，都要以成本的形式进行列示。有人认为，这项费用未来会带来利润，这种说法并不能改变当前的会计处理。如果它们确实能够产生未来收益，那也将反映在收入和利润项目中。

营运资本。这是指经营性的营运资本，通常包括存货、应付款项、应收款项和部分现金。一个"合理"的现金结余，应当是销售收入的 0.5%～2%。[1] 要排除过多的现金结余（纳入资产负债表的融资项目）。

税收。要调整为收付实现制，通常的做法，是通过递延税收项目的变化（调整资本减免及类似项目）以及应交税费的变化（因为大多数税费都是年后支付的），来对利润表账户的年度税收支出进行调整。

税收损失。从交易的可行性以及合理性的角度来看，税收损失这个问题十分重要。现实情况是，税收损失很有可能发生。要把这些项目作为或有负债，税收损失的价值也应当从企业估值中扣除（或者在并购价格谈判中，从或有事项之外的其他项目中扣除）。

名义还是实际数据？[2] 当然是名义数据！如果你根据实际数据（收入和成本数据容易得到，但资产数据很难得到）进行计算，那随后就需要向公司董事局主席解释，为什么他没有看到这些数据。

税前还是税后？通常情况下，贴现现金流估值法采用的是税后的现金流。这也是与"自由现金流"相对应的，即公司可以自由支配使用的现金。在现实中，现金流是税前还是税后其实区别不大，只要所

---

[1] 科普兰等人的著作，1990年，第161页。
[2] 名义值就是数据本身，含通胀因素；实际值则排除了通胀的影响。

用的贴现率保持连续就行。如果使用的是税后的现金流,那贴现率也要进行处理,消除税收的影响,这也就意味着,资金成本中的债务成本应当乘以1减去税率。

贴现率

贴现现金流估值法以并购方的资本成本作为贴现率。这说起来很容易,但贴现率的细微变动,就会造成企业价值数百万的变动,而对于到底什么才是正确的贴现率,并没有真正科学的答案。[①] 因此,透彻理解相关原则并遵循使用规律就成为关键因素。首先:

- 资本的成本,等于各类资金的加权平均资本成本(WACC)。每类资金成本都是其所承担的风险的反映。
- 权重要按照市场利率确定,但应当反映目标比重而非实际比重。
- 如果现金流是按照税后计算的,那成本也应当是税后的。
- 贴现率是以名义利率表示的,因为现金流是名义值。

资金成本的计算公式是权益成本加上负债的税后成本,如下所示:

$$WACC(r) = k_D(1-T)\frac{D}{D+E} + K_E\frac{E}{D+E}$$

K_E:权益成本。

K_D:债务成本。

T:并购方的实际税率。

D:债务市值。

E:权益市值。

---

① 就这个话题,我们都可以专门开设一个博士学位的课程了,这也正是它的玄妙之处。

债务成本

债务成本实际上能够很直接地计算出来,尽管各种表达式可能会把事情复杂化。债务的成本,就是每年支付的利息除以债务市值。如有可能,要尽量把市值作为参考因素。如果相关金融资产和负债没有活跃的市场,那就要根据以下规则确定:

- 确定需要支付的金额。
- 预测信用质量(介于 AAA 和垃圾之间)。
- 参考具有类似折价水平、类似到期时间、类似评级的交易债券的到期收益率。
- 以市场活跃的金融工具的到期收益率作为贴现率,计算未来付款的现值,从而估计大体的市值。

优先股的成本通常介于债务和权益工具之间。

权益成本

权益成本的确定一直存在争议。如果可行,就应当使用市场价格对权益进行估值。如果公司没有上市,那么就要利用可比上市公司的数据。一家公司的权益成本就是投资者希望得到的收益水平。简而言之,计算这一数据有两条捷径:

- 权益投资收益由无风险利率加上风险溢价构成。
- 单个股票投资收益与市场整体的收益息息相关。

10 年期政府国债收益是无风险利率的最佳参考指标,而历史上的权益风险溢价为 4.5%~5%。这是市场整体的平均回报水平。在此基础上,要想知道某一只特定股票的成本,就需要使用贝塔系数。

贝塔系数的理论源头，是基于这样一种认识，即个别股票的收益与市场整体收益相互关联。简单来说就是，以市场整体收益情况作为参照，把单只股票的收益波动标注出来，贝塔系数所在的位置，是目标股票与最优拟合线的交点。从图7.3可以看出这一点。市场整体的贝塔系数为1。一只股票的风险越高，其贝塔系数越大。幸运的是，我们无须自己计算贝塔系数，许多金融数据提供商会定期发布。

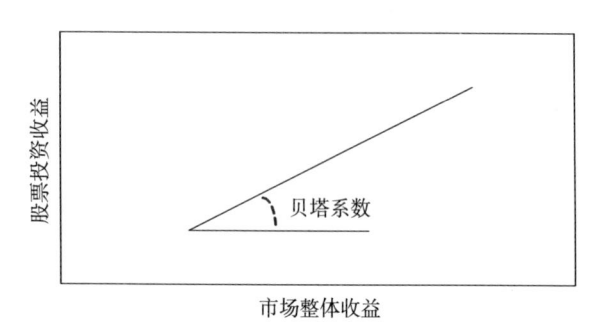

图7.3　计算贝塔系数

把相应的贝塔系数应用到下面这个公式中，可以计算出权益成本，这个公式看起来很复杂，但实际并非如此：

$$K_E = R_E + \beta (R_N - R_F)$$

K_E：权益成本。

R_E：无风险利率。

β：股票的贝塔系数。

R_N：市场投资组合收益率。

可转换证券的价值计算略微复杂一点，因为其价值构成中，一部分是收到的利息，另一部分是由转换带来的。由于转换具有价值，此类债券的收益率通常低于纯粹的债券，其成本也介于债务成本和权益成本之间。

少数股权属于外部股东对公司部分业务的索取权。当公司出售其部分分支机构、实施并购但并没有买断全部股权时，这个问题就出现了。少数股权的价值，取决于少数股东拥有的基础资产的价值。如果没有市场价值，贴现现金流估值法也不适用，那么就可以采用类似的市场价值法，比如用可比公司的市盈率来计算这类资产的价值。

终值

在利用贴现现金流估值法进行估值的时候，还有一个假设前提就是公司业务会永续经营，但通常对现金流的预测只能看到 5～10 年之后的情况。因此，通常做法是把预测期间分为两个阶段：

- 明确的预测阶段——也就是你试图进行详细预测的阶段。
- 明确预测阶段之后直至永久的阶段，比如，那些你不会去进行详细预测的阶段（人们通常称其为"终值"或者"持续价值"）。

相较于预测期间的贴现现金流，有时候终值之大让人感到不可思议。因此，我们需要对终值进行细致的预测，这对估值至关重要。通常贴现现金流模型利用简化的假设条件，来推导出终值。最常见的假设包括：

- 将终期资产的价值贴现。比如，把最后一年的资产价值贴现为今天的现值。从深层次看，这其实是假定预测期末资产的流动性不重要。
- 假定最后一年的现金流能够永久持续。计算永续年金现值的公式是：

$$现值 = \frac{最后一年的自由现金流}{加权平均资本成本}$$

或者

$$现值 = \frac{CF_t}{r}$$

将得到的结果乘以 $\frac{1}{(1+r)^t}$，就贴现回了模型的初值。这其中隐含的假定是，最后一年的现金流将一直持续下去。

- 我们可以对上一项假设进行扩充，即引入增长因素。最后一年的现金流将一直持续，但允许其以固定的速度增长。计算这类增长型年金现值的公式是：

$$现值 = \frac{最后一年的自由现金流}{[加权平均资本成本 - 每年增长的百分比(g)]}$$

或者

$$现值 = \frac{CF_t}{r-g}$$

也就是说，从加权平均资本成本中扣除了增长率，导致分母更小，终值更大。同样地，也要把这一结果贴现到初年。

作为估值工具，贴现现金流估值法有很多优点，它促使潜在的买方深入研究业务的性质及其未来业绩发展。这种方法也有缺点，我们之前已经提过，那就是假设条件的细微变动，可能会对贴现现金流模型的估值结果产生巨大的影响。因此买方需要采用多种方法进行估值，可以把其他估值结果作为贴现现金流估值的合理性检查。我们在下面列出了其他可用的估值方法。

投资报酬率估值法

投资报酬率作为一个很好的目标值，可以作为估值的基准。利用投资报酬率估值的不利之处是，它并不能囊括交易对资金的影响，而且过于粗糙。另外，我们其实不应该把并购交易与其他类型的资本支出区别对待，因此，尽管企业并购是出于长期考虑，在并购之后的前几年中，希望这项投资体现合理的收益率也是无可厚非的。

利用投资报酬率进行并购估值与其他估值方法相比并没有什么不同，我们也可以用其来评估其他任何形式的投资价值。许多大型企业使用税前资本收益率来评估资本支出决策，并将其作为衡量子公司业绩的关键指标。因此，人们经常以类似方法作为对潜在并购业务进行评估的捷径，这种做法是很普遍的。

为了便于与其他资本支出项目进行比较，这个比率最好排除资本成本的因素。因此我们所使用的利润，应该是不考虑并购融资成本的。

计算投资报酬率，需要利用并购之后第二个年度全年的预计税前利润，按照股权比例进行调整，然后除以到目前为止的总投资：

$$ROI = \frac{调整后的税前利润 \times （经过股权比例调整的第二个整年的利润）}{总并购价格 + 第一年的净现金投资}$$

并购会在第二年真正步入正轨，尽管如果一笔盈利的并购交易设计的年限是三年的话，利用第三年的利润进行计算可能更为合适。分母还要考虑实施并购时的出资、任何可以预料到的并购费用、业务所产生的现金收入，或者为了实现预期的利润增长目标而进行的现金投入等。

通过计算，我们可以得到对并购价格的预期税前报酬率。关于这一报酬率，并没有一个特定的标准。

举例　最高并购价格

确定最高并购价格：
- 并购交易发生于2013年。
- 买方预计，2015年的税前调整后利润为200万英镑。

- 到2015年为止，还需要额外投资100万英镑。

假定收益率为20%，那最高并购价格（AP）是多少呢？

$$0.2 = \frac{2}{AP+1}$$

$$0.2 \times (AP+1) = 2$$

$$AP = \frac{2-0.2}{0.2}$$

因此最高并购价格为900万英镑。

市盈率及其他盈利指标估值法

市盈率试图对"市场价格"进行评估，它也为卖方提供了一个有用的参考指标。其他盈利指标都是这一比率的变形。

《金融时报》（*Financial Times*）、《华尔街日报》（*Wall Street Journal*）或者其他媒体每天都会登载上市公司的市盈率。上市公司的市盈率等于其股价除以利润。如下所示：

$$市盈率 = \frac{当前股票价格}{每股收益（税前）}$$

或

$$市盈率 = \frac{股票市值除以股票数量}{盈利除以股票数量}$$

或

$$市盈率 = \frac{股票市值}{盈利}$$

市盈率的使用相当广泛，其原因不难理解。这些指标计算起来相对简单迅速，便于使用，易于验证。针对未上市目标企业，也可以使用市盈率，即通过参考可比上市企业的市盈率来确定，实际上这些比率内含了市场预期因素。首先要找到可比的上市公司，然后确定其市盈率，随后利用这一比率预测目标企业的可持续盈利水平。这听起来很简单，但其中有许多复杂的因素需要我们加以调整。

公众企业和私营企业的市盈率

采用上市企业的市盈率，其中隐含的假定是，目标企业的股价是浮动的。如果目标企业规模不够大，或者相关条件不符合，那类似的市盈率就应当降低30%~40%。比例降低的幅度，应当反映目标企业所在的特定行业以及目标企业本身的吸引力。每个季度，德豪国际会计师事务所（BDO）都会发布私营企业交易情况的市盈率分析，并将其与同期上市企业的市盈率进行对比。

市盈率的可靠度

从理论上讲，影响市盈率的主要因素应当是企业的增长前景和风险状况。增长前景越好，那么从理论上讲市盈率就越高。风险程度越高，市盈率越低。

但现实中，当年的利润增长与公司股价之间，或者说风险与市盈率之间，并不存在对应关系。单个公司的盈利数据（及其市盈率）只反映了公司的财务杠杆、课税情况及其会计政策。当出现通货膨胀，按照历史成本方法计算的利润数据不再具有可比性的时候，这种差距可能会进一步加大。上市公司市盈率存在的主要问题有3个：

- 依赖于股票价格。
- 难以找到真正可比的公司。
- 资本结构的差异。

依赖于股票价格

在这方面我们需要牢记以下两点：

- 市场整体情绪会大幅影响公司的市盈率，而短期内这对公司的长远发展影响很小。
- 根据可比公司所处报告周期的不同，或者市场对这家公司发展前景预期的不同，市盈率可能会毫无依据地过高或过低。如果一家公司的历史盈利水平不高，但市场认为这家公司将恢复增长，那么公司的股价就将维持相对高位，公司的市盈率也是如此，直到下一期公司数据（或下一期利润预警）证实或推翻市场此前的预期。

难以找到真正可比的公司

同一行业中，没有两家公司的经营方式完全一致，客户群完全相同，产品范围和地域分布一般无二，真正公司可比是不现实的。因此，根据可比公司推算的市盈率只能作为一个大体近似值。

资本结构的差异

公司的盈利水平计算如表7.4所示。

表7.4　盈利水平计算

	百万欧元
营业额，包括关联企业在内	2 562.2
减去关联企业营业额	(442.7)
营业额	2 119.5
主营业务成本	(1 086.3)
毛利	1 033.2
销售费用	(237.6)
管理费用	(416.9)
研究和开发费用	(46.8)
关联企业利润	21.3
其他固定资产投资收益	0.2
营业利润	353.4

续表

	百万欧元
利息（净）	(51.9)
税前利润	301.5
日常业务盈利纳税	(82.9)
日常业务税后利润	218.6
少数股东权益	(13.4)
每25普通股收益，净额基准（未稀释的）	44.98P
每25普通股收益，净额基准（完全稀释的）	44.37P

预计的可持续盈利状况

仅仅把目标企业的盈利数据拿过来，不假思索地加以运用，并不可取。出于很多原因，公司的盈利数据可能并不能代表企业"稳定"的情况。我们应当注意，使用可比企业的市盈率，必须建立在对目标企业盈利性可持续的预测之上。在使用市盈率时，所涉及的可持续盈利数据，通常应当排除例外项目、投资收益以及不用于公司经营的现金结余。尤其是在私营企业并购过程中，企业所有者的收益在并购之后就不复存在了，因此必须加回来。同样地，以往卖方不曾计入的成本项目，可能是为了粉饰利润数据，使这更为平滑，我们需要将其减除，以此得到对企业更为清晰的印象。

在为买方使用市盈率计算目标企业的价值时，要把整合收益加到目标企业的独立可持续的利润中。

所有这些都是说起来容易做起来难。我们都知道，财务尽职调查的主要目标之一，就是要评估企业可持续的盈利能力，要做到这一点，需要大量的工作，而不仅仅是在一个香烟盒大小的纸片上随手写下一串数字。

上述所有的问题都说明，确定合适的市盈率是一项复杂的工作，涉及大量的主观判断和数据调整。但不管怎样，虽然市盈率在企业估值中存在诸多限制,但它的适用范围依然十分广泛。

其他利润倍数指标

衡量利润到底用哪个指标其实并不重要,不管是税前或税后数据,还是折旧摊销前或折旧摊销后数据,只要使用的所有数据保持前后一致就行。也就是说,同类数据要与同类数据进行对比。其他常用的利润倍数指标包括:

- 息税前利润(EBIT)。
- 息税折旧摊销前利润。
- 税前利润[EBT(或PBT)]。

随着人们逐渐认识到经营现金流在估值中的重要性,息税折旧摊销前利润在过去数年间已经成为最受欢迎的指标。息税折旧摊销前利润是未扣除财务费用以及最大额的非现金项目(折旧和摊销)之前的利润,被人们视为现金流的一个很好的近似指标。

利润指标与现金流

哪种指标更好?对并购交易估值而言,这个问题并没有唯一的答案。两种方法各有优缺点,都应当加以运用。就股票市场估值来说,事实表明,市场更重视现金流,通过现金流指标,可以揭示那些旨在增加报告期利润的操纵手法。[①]

可比交易估值法

在计算市盈率及利润指标的时候,除了可以参考可比企业,并购

---

① 例子参见科普兰等人的著作,(1990年),第81~94页。

估值

方还可以利用可比交易作为并购交易估值的基准，只要这类交易切实可靠，就能利用其作为此类企业现行利率水平的一个不错参照。只要谨慎使用，这种做法是没有问题的，因为有时候企业实施并购是出于战略考虑，在这种情况下，买方的出价会高于现行利率水平。但如果不考虑其他因素，利用可比交易估值法还能够让买方更加放心，那么他们会觉得自己并没有出价过高。

特定行业估值法

对公开上市的工程企业进行估值时，通常以其销售额作为重要参考指标。大多数行业的情况也与此类似。表7.5列出了一些估值指标的例子，许多行业在估值时可能参考这些指标。

表7.5　估值指标

行业	估值指标
垃圾掩埋	每立方米价格
广告代理	账单个数
移动电话服务	每位用户消费
有线电视	每位用户消费
基金经理	管理的基金个数
酒店	每间客房的价格
矿业公司	矿藏储备价值
专业企业	费用收入倍数
汽油零售商	年度加仑销售量
预拌混凝土企业	每立方米产品的价格

每股收益估值法

有一种对上市企业估值进行的检查也很常见,那就是测算并购交易对上市企业备考盈利的影响。每股收益的摊薄是不应该出现的。只有当下面一个或所有条件都满足时,才会出现摊薄:

- 与实施并购的集团相比,目标企业规模可观。
- 对目标企业进行估值时使用的收益倍数与并购企业的收益倍数存在显著差异。
- 因并购融资而产生的透支成本或债券利息会压缩企业的净利润。

在对每股收益进行综合计算时,要充分考虑本次并购的整体影响,包括因实行盈利能力支付计划而延期付款的冲击,以及为本次交易发行的可转换债券发生转换的影响。

净资产估值法

在对小型私营企业进行估值时,净资产是一个广泛使用的指标,但它存在严重的缺陷。这种估值方法多是用于评估亏损企业或盈亏平衡类企业的价值。在下列并购情境中,利用企业账户上的资产进行估值往往起不到什么作用:

- 历史成本数据不足,尽管人们可能(至少在理论上)更希望使用当前的成本数据,但不太可能获得这类数据。
- 企业账户中许多大类资产可能根本没有进行估值(比如专利权、工业设计、品牌、版权、员工、客户清单及合同等)。对于绩效指标良好的企业,它们提交的指标数据往往显著高于其账面资产的价值，上述情况就是原因所在。
- 账户中存在其他可能被高估的资产（如股票）。
- 对目标企业资产进行估值，显然需要对企业的资产进行评估。因此需要对土地、建筑物、存货和厂房设备等进行专家评估，也需要对其他资产负债表项目进行仔细调查。要确定在建工程、产成品和债务的实际价值时，一如审计工作的要求，同时还要检查各项跌价准备的充足性以及包括应交税费在内的各项负债情况。

结论

对并购目标进行价值评估的最为可靠的方法，当属贴现现金流估值法，与其他方法相比，这种方法缺点较少，还能推动买方对各项重要假设进行量化评估。利用贴现现金流估值法评估出来的结果，不易被管理层用来支持自己不合理的战略决策。但这种方法依然需要一系列简化的假设条件，后者对目标企业价值的估算具有一定的影响。

鉴于没有一种估值方法是完美无缺的，我们最好采用3种估算方法。这让并购方可以对目标企业的价值进行"三角定位"。当然，计算出这项业务对卖方以及其他潜在竞标者的价值，也不失为一个好主意。这两类价格有助于我们设定所要支付的最低和最高并购价格。在确定支付的最高价格时，对整合收益进行透彻、细致的计算是必不可少的。

8

ACQUISITION ESSENTIALS
A Step-by-step Guide to Smarter Deals

谈判

导语

良好的沟通技巧是并购不可或缺的因素。在并购的整个过程中，买方和卖方都会不断地沟通。早期双方会对并购的参考价格进行协商，随后就是框架条款，接下来就是要与咨询顾问接触，开展尽职调查等相关工作，直到最后，双方签订买卖协议。

并购谈判极端重要而又压力重重，因此很容易产生错误，你了解得越多，实践得越多，当真正需要的时候，你就能准备得越好。

基本要点

正如关于这个话题最著名的那本书①的标题所说，谈判的过程，也就是达成合意的过程。这丝毫没什么让人感到惊奇的。问题在于，双方是基于不同的起点，抱着不同的需求想法。在大多数谈判中，谈判方并不是非变成不可，因此胁迫强制或者耍花招并没有什么作用。如果谈判一方感到自己被推到不利的境地，他完全可以起身走人。因此谈判需要的是说服。谈判也需要力度，这一点也不能忽视。正如尼

---

① 费舍尔、罗杰和尤里、威廉，谈判力，兰登书屋，伦敦，1999年。

克松总统所津津乐道的,"当你能够抓住重点的时候,对方就会身心相随"。那些"达成合意"的谈判教学过程往往把这种说法晾在一边。但是,由于双方都不一定要达成合意,因此谈判的目标,就应当是让双方都有利可图。这就是畅销书中有关谈判双赢的提法。

一方获利、一方损失确实扣人心弦,有人认为并购谈判属于一次性事件,谈判结束之后你无须与对方共事,因此压榨对方并没有什么不妥。这种说法有一定道理,我们随后也将仔细分析这种一方获利、一方损失的谈判类型,但目前最重要的是,我们需要认识到双赢并非完全的折中妥协,当然也并非意味着双方均等获利。在双赢的情况下,另外一方需要感到满意,但满意程度也许并不及你。

为取得双赢谈判,我们需要采取的措施十分明确。首先确定每个人都了解情况。要清晰地表明,自己试图实现谈判的双赢,也要得到对方的认同,确认他们也抱着这个初衷。从这个起点出发,下一步的问题就是在双方建立互信之前,尽可能避免冲突(只要你牢记双赢的达成根源于双方的合作,这样做就是有意义的)。这就意味着,要本着达成双赢的原则来处理问题,为谈判的推进营造良好的开局。通过共享信息进一步增强双方合作的诚意,即使这样做在最初并不能得到什么回报。避免做出被动防御的姿态。避免采取墨守成规或公事公办的态度,如果做了蠢事,要坚决道歉,把双方拉回到谈判主题上来。

不管是如何迫切地希望做成这笔交易,你都要装出毫不在乎的样子。注意观察对方的肢体语言,不要着急,行动坚决而又客观专业。这样,你就能通过选择沟通的地点而占据主动,对方会到你的办公室找你,这就避免了共进午餐或者社交应酬,你也无须做出虚假应酬的姿态。

成功谈判的目标,是避免双方就各自的立场纠缠不休("我绝不能接受把这些PCB垃圾包含在这笔交易中","如果购买一家公司,你就需要承接相应的人员、工厂，垃圾部分自然也要包括在内"），要关注双方在桌面上的筹码，要关注你如何才能成功达成这笔交易。双方的立场就像是罗马禁卫军问题一样。试图把这些障碍打倒，完全是浪费时间。相反，我们应该绕过这些障碍，取得双赢的局面。当然，为了实现这一点，你需要清楚地知道双方各自有哪些利益。这也就是为什么事前准备十分重要。

准备工作

人们谈判失败的主要原因之一，就是缺乏准备。我们都希望通过"即兴发挥"和自己的智慧搞定一切。此外，针对谈判的准备工作的确是一个难度很大的任务。但不管如何艰难，如果希望出色地完成谈判，你就不能逃避。清单8.1列出了一些在准备谈判时需要考虑的问题。

> **清单8.1　谈判准备**
>
> - 为什么要进行谈判？
> - 与谁在进行谈判？谈判对手是什么风格？
> - 对方由谁负责决策（他可能不是谈判组成员）？
> - 我们需要与对方就那些谈判流程达成一致？
> - 对我们来说，什么时候是举行谈判的最好时机？什么时候举行谈判并不合适？
> - 我们希望谈判在哪里举行？
> - 我们需要多长时间？
> - 我们的目标有哪些？这些目标的价值如何？如何按照重要性程度进行排序？

- 把自己和对手的目标都列出来，对这些目标的价值进行评估并排定先后顺序。
- 我们应当秉持怎样的谈判风格？
- 把要求定高一些，为讨价还价留足余地。
- 我们希望用哪些筹码进行交换？（一定要通过交换来协商谈判，绝不能单方让步）。
- 确定自己所能做出的让步，在为对方带来最大利益的同时，让自己承受最小的成本。
- 我们应当按照什么顺序进行筹码交换？
- 我们不准备交换的利益有哪些？
- 确定自己的底线，一旦越界，不管什么情况都不能退缩。
- 挑选谈判团队，仔细分配任务。
- 确定你有权签署合同。

你需要考虑的第一件事就是谈判本身的流程。随后要清楚自己希望达到什么效果，同样重要的是，有哪些要守住的底线。最后要设定终止谈判的条件，如果交易对自己已经不再划算，那就要做好离场的准备。这也就是人们所说的最佳替代方案（BATNA），我们随后将在本章进一步说明。

谈判流程

在开始讨价还价的具体谈判流程之前，应当列出一个清单，标明你需要与对方达成一致的内容。其中的一项应当是谈判本身的流程。要就此与对方进行协商，营造出建设性的谈判氛围。

谈判的核心原则包括：[1]

---

[1] 根据 K. C. 莫尔德沃特博士在 AMR 管理公告上的文章，2000 年 3 月。

- 只准备一个版本的谈判草案并就其展开协商。
- 应当由双方认可的独立法律事务所起草谈判条款,这家事务所此前没有向任何一方提供过服务。
- 谈判协议的第一稿要根据双方已经达成一致的条款进行草拟。
- 独立的律师要作为见证者、咨询者、记录者和最终条款的起草者,参与谈判的整个流程。
- 参与谈判的其他人只限于双方的下列人员:业务人员、谈判者、内部法律顾问。
- 外部律师和其他咨询顾问不应当参与谈判。双方可以在谈判之外与他们进行接触。
- 每个谈判者都需要得到其委派者的全权授权,其决策对委派者具有约束力。
- 谈判场所可以在你的办公室(这种情况最好)或者中立第三方提供的场所,但绝不能在对方的办公室。
- 每个人都要严格遵循事先约定的、设计好的谈判时间表。

利益

谈判的过程,就是一个利益交换的过程。如果不知道自己的利益何在,你的谈判将很难成功。在谈判过程中,你到底希望实现哪些需求和愿望,解决哪些问题和困难呢?

一旦确定之后,我们就可以把利益进行排序。这样做的目的是让你明白,除非特定利益需求得到满足,否则自己宁愿不再继续谈判下去。

最佳替代方案

要设计出真正具有替代性的方案,推动谈判协议的达成,替代方案必须是可以实现的，也应当可以满足自己的利益诉求。制订"谈判协议的最佳替代方案"，或者更广为人知的最佳替代方案，能够帮你更好地集中注意力，因为这个过程会让你知道，替代方案确实是存在的（见图8.1）。

> 有替代方案？ > 最佳替代方案 > 权衡对比 > 如果替代方案更好，那就采用 > 如果不是，那就继续谈判协商

图8.1　最佳替代方案

如图8.1所示，最佳替代方案是一种决策方式，可以用来确定谈判要走多远。首先列出所有的方案，随后详细分析最有发展潜力的一个（假定所有方案都是现实可行的）。选出最佳方案，并把这一方案与继续谈判（以及自己可能需要做出的让步）进行对比。如果继续谈判是最优选择，那就这么做。最佳替代方案促使你深入思考，自己为什么要开展这笔交易，还能够启发你的创意，让你知道自己的谈判能力到底有多强。替代性方案越好，谈判形势对你就越有利。要在私底下好好考虑一下这个问题。当已经有一份工作聘任书的时候，你认为自己在争取涨工资的谈判中，能占据什么样的优势地位呢？如果谈判形势尚不及自己的预期，那在坐下来进行谈判之前，你最好努力提高自己的最佳替代方案。

完善最佳替代方案，把主动权掌握在手中

利文斯通担保公司（Livingstone Guarantee）的巴里皮尔森（Barrie Pearson）讲过一个很好的故事，当时他正面对一家大型的跨国公司，就一项员工培训和出版业务的管理层收购问题展开谈判，一旦管理层收购不成功，公司整个管理团队就会集体辞职，当时他就把这些辞职信握在了手中。因此在谈判桌上，这些辞职信就成为他有力的底牌。

谈判 8

议价能力是一个相对的概念。这取决于最佳替代方案，也取决于对手的谈判地位。在你已经列出了自己的利益诉求并按照优先程度进行排序之后，对方其实也可以这样做。要换位思考。试着想象一下，对方的利益诉求有哪些，对方有哪些替代方案，对方在最终协定中将会如何处理各类问题。试着为对方解决问题，这是解决自身问题的最好方式。作为一名谈判者，你的任务是说服对方，让对方"同意"你的提案，以此实现自己的利益诉求，而且从自己的角度来看，这种诉求的实现要优于没有达成交易的情形。为了让对方同意，从对方的角度看，你的提案也要优于对方选择不交易时的情况。你需要认真规划的，就是如何才能更好地保护自己的利益，也就是如何才能不让步太多，通过认清对方的利益所在，说服对方同意你的提案，让他们认识到合作是最符合自身利益的选择。这就是谈判的艺术，也就是广为人知的"换位思考"。理解对方所处的位置，建立起沟通的桥梁，让对方到达你所希望的终点，与推推搡搡地把对方推到自己的位置相比，前一种方式无疑有效得多。一旦静下心来开始研究对方，你就会惊讶地发现，有大量的信息等待挖掘。

双赢及估值过高的钢管企业

有一家大型上市企业下属的专业钢材制造公司，在准备就其并购展开谈判时，买方通过调查发现，当前所有者账面上对这家公司的估值是4 000万英镑。考虑到这家公司的规模和盈利能力，这个估值相当高。进一步的审查发现，多年之前，这家上市企业就已经决定出售该钢厂，因此增计了其账面价值，以便在处置时尽可能地增加资本利得。潜在的买方当然不可能为此付出4 000万英镑（实际上，1 000万英镑还差不多），而且这个买方是唯一有并购意向的买方。因此，需要找到一种能为双方保留颜面的估值方法，从而使

233

> 得尽管实际支付的价格有所不同,但当前的业主依然可以宣称其价格是4 000万英镑。因此,双方设计了获利能力支付计划,在某些极端情形下可能需要支付4 000万英镑,但正常情况下是1 000万~1 200万英镑。宾主尽欢而散。

由此你可以列出双方不同的利益领域,见表8.1。

表8.1 利益领域

利益	类型	描述/目标
共同的	类似	双方共有的利益,都希望得到满足
补充性的	不同	双方都有的利益,可以通过皆大欢喜的方式使双方都得到满足
中性的	不同	要满足一方的利益,必将影响另一方
竞争性的	不同	要满足一方的利益,必将影响另一方

这张表可以用来进行决策分析和方案提议。谈判者可以利用这些决策和方案,来确定谈判方法。其目标是确保谈判顺利进行,从而在竞争性利益分歧解决之前,双方能够就共同的、补充性的和中性的利益问题达成一致。

即使在一次性谈判中,双方关系的建立依然是推动谈判前行的最好方式,而首先从最容易处理的领域着手,能够确保营造出一种合作的氛围,为随后竞争性利益的分配谈判打好基础。

在这些方面做好准备工作,意味着你可以认真思考自己对每一事项的期望目标,每个目标都要切实可行,且绝不能跨过谈判的底线。

总而言之,准备工作的目标,就是为走向谈判桌打好基础:

- 清楚谈判者的授权范围。
- 清楚自己的谈判底线,知道谈判对手的谈判底线。

- 已经将可选择的方案完善成为可讨论的协议（如果可行）。
- 知道并且已经认真考虑过自己的利益所在。
- 已经考虑过对方的利益所在。
- 已经准备了共同的利益分配方案，可以用来解决双方竞争性的利益分歧。

信息是主要的战略谈判工具，没有什么比基础工作更重要了：谈判内容是什么、自己的目标有哪些、自己可以在哪些方面做出让步等。此外，如果知道自己的弱点，把弱点隐藏起来其实并不难，而如果能够发现对方的弱点，那就再好不过了。最后，通过良好的准备工作，可以在面临压力的情况下，把谈判现场需要某些信息却无从着手的风险降到最低。

谈判

谈判并不是一场战争。一场良好的谈判应当遵循以下原则：

- 每一方都要表现出对对方利益的关心。
- 每一方都要平等看待另一方。
- 结果应是双赢。
- 每一方都觉得，即使再次谈判也将是一种享受。

谈判的目标是，双方达成协议，但没有一方的利益遭受损失。为了通过谈判实现价值化，应综合运用以下三个要素：

- 谈判的技巧。
- 沟通的愿望。

- 话语权。

谈判的技巧

谈判技巧来源于实践，来源于熟能生巧，也来源于模仿观察，对于出色的谈判家所应具备的素质，你越熟悉越好。

出色的谈判家

出色的谈判家有一些共同的特点，包括：

- 说得很少，听得仔细。
- 不会公开表现得咄咄逼人。
- 机智灵活。
- 野心勃勃（志向远大）。
- 在没有相应利益交换的情况下，绝不退却，随后的让步也是慎之又慎（见下文中的"交易让步"）。
- 寻求通过成本较低的让步换取价值不菲的成果。
- 具有影响力及实施能力。
- 能得到对方的信任和尊重。
- 具有同情心。
- 思维灵活，可以保持持久专注。（谈判总是要求反应迅速，拥有专注于重要问题的能力）。
- 在压力下保持清醒思考。

上述特点可以归纳为4p：

- 耐心（patient）。

- 积极（positive）。
- 冷静（placid）。
- 准备（prepared）。

谈判者也要明白讨价还价的原则，理解谈判中应有所为有所不为，我们在表 8.2 中进行了列示。

表 8.2 并购方谈判的原则

原则	详情
要这样做	一次只提出几点要求，只提出对自己最为有利、说服性最强的几个观点 就对方提出的反对意见，要求对方逐一进行解释说明。 如果你不同意对方的观点，在抛出这个结论之前，你应当严谨细致地说明自己的观点，而不是与此背道而驰。如果只是说自己不同意，然后解释原因，这只会让对方逐条与你展开辩论。 确定每一项的优先顺序。 仔细倾听，积极回应。 避免斤斤计较、进行威胁或任何其他火上浇油的行为。 通过客观总结你对对方观点的认识，厘清对方的各种利益诉求。 要提问——哪些方面仍然有待探讨？对方有哪些提议？对方相关诉求的基础具体有哪些。 寻求新的变量——可以把哪些其他话题引入本次谈判。 仔细倾听——你需要保持专注，发现信号。 积极回应——对如何才能改善当前局面保持专注
不要这样做	随意打断——你需要保持专注，发现信号。 激怒对方，重提之前的争议

沟通的愿望

谈判中获益较多的一方，通常也是沟通愿望更强的一方。[①] 目标

---

① 桑恩、杰里米 G，如何进行更好地交易谈判，水星商业平装书，伦敦，1989 年。

定得比较高，也就意味着利益诉求比较高。如果要求较高，尽管会有把对方拒之门外的风险，但你可以削减那些过高的要求，从而就为折中和让步预留了空间。当表面上看起来你好像在做出让步时，对方就会相信他们正在得益。不要太急于取悦对方，表现得卑躬屈膝。如果你不帮忙，对手的防线就会不攻自破，因此不要主动伸出援手。

话语权

话语权是指影响对方的能力。话语权和谈判结果之间总是存在一定的联系。当一方拥有较强的话语权时，谈判技巧高低导致的结果差异就会变小。无论是实际的话语权还是表面上的话语权，树立谈判的话语权都至关重要。通过做出不在意输赢的姿态、不关注对方的状态或者展现出强烈的个人信心等，都可以树立起谈判的话语权。实际上，即使对手只认为你拥有谈判的话语权，就能影响谈判的结果。第一印象极其重要，提出合情合理的观点，或者表现得轻松自如，避免咄咄逼人，都能够帮助我们营造第一印象。也就是说，话语权和自信心是相伴而生的，这其中隐含的事实再次说明，不管面对什么样的谈判，我们都要计划周详，有备而来。

但话语权很容易被滥用。一定要确保谈判话语权较弱的一方没有从谈判桌上被吓跑，从而导致出现双输的局面。电影里可能经常出现一些强硬的角色，通过恫吓对方，在谈判中分得了最大的一块蛋糕，但现实中的谈判有50%属于情感成分，如果对方认为自己被推到了不公平的谈判位置，损害自己的声誉或者自尊，那他很有可能就会彻底退出，即使这样做从经济上来说并不划算。

从话语权的另一个角度来说：

- 当自己手头没有什么谈判筹码，或谈判的大方向出现偏差时，不要进行谈判。
- 不要被逼着迅速做出决定,从而陷入准备不足的困境。

对谈判对手话语权的基础进行评估。通常人们会高估对方的话语权,因此在准备阶段就要对其进行验证。通过对这些情况的观察,我们可以发现一项广泛适用的原则,需要时刻牢记。观念决定一切,你真正需要搞清楚的,就是谈判对手的想法。要深入对手的脑海中。真正的谈判专家,是站在对方的角度想问题的人。

开始谈判

谈判从哪里开始呢?除非存在重大问题,不加以解决将直接导致交易无法达成,否则我们谈判的起点,应当是那些可能把双方拉到一起的问题。这样做有两个作用:

- 如前所述,这属于"相互认知"的阶段。
- 通过这种方式可以收集信息。你可以通过这一阶段的工作,搞清楚对方的动机,探查其真正的需求,而不被对方的漫天要价所迷惑。你还应当假定,同样的策略也适用于自己,因此不要做出太多的让步。

谈判之初就注重建立起工作关系,这是一笔划得来的投资。与信任的人进行谈判,双方将取得更好的成果。谈判是高度复杂的沟通。如果没有互信,那就没有沟通,而只是互相操纵和彼此怀疑,装出沟通的样子。要做到诚实可信。要一诺千金。要据实陈述。要尊重互信。要保证言出即行。如果你自己做不到诚信可靠，那对方有什么理由这样做呢？

在双方建立关系的过程中，语言（以及肢体语言，我们将随后讨论）十分重要。例如，公开反对另一方的提议显然不怎么好。"我明白你的意思，但是……"这并不是一个好的开场白，而"我理解你的看法，而且……"这种提法显然更好，因为你传达了包容、建设性的沟通态度，能够站在对方的立场上讨论问题。在拒绝对方提议时，不要简单地说"不"，要解释说明原因，这样对方就能提出另外的建议。尽量少用"但是"，因为这展现了一种消极的态度。要直截了当地问对方，他们的关注点有哪些（"但是"等词汇表明对方存在关注点和诉求），通过这种方式把谈判拉回到积极正面的框架下，并主动沟通解决对方关注的问题。

当然，谈判并不是舒适的聊天。你的任务是让对方点头同意那些有利于自己的条款，因此别忘了经验丰富的推销员的一些话术，比如"×女士，你想把这款沙发放在什么位置呢？"，这样，在潜在购房者脑海中就会形成一种印象，即买卖已经达成了。你也可以尝试一下经验丰富的双层玻璃推销员的问题转换技巧，让对方只能回答"好的"。对方越习惯于同意你的观点，谈判就会进展得越顺利。以上两种方法还有一个优势，那就是可以让对方放松下来，因此更可能做出让步。

这种策略当然也可能被对方用在你身上，因此一定要小心回答诸如"好的"之类的词汇，比如"难道你不同意吗？"要像墙上的苍蝇一样注意观察，看清楚真实的情况。如果有人把"好的"策略用在你身上，自己在回答"好的"的时候，一定要加上限制条件："好的，只要……"

提出问题，聆听答案

谈判也不是花言巧语。在交流时，应当自然放松，语言流畅，但更重要的是，要学会闭上嘴，学会倾听。不管事前准备得多充分，你根本不可能了解对方的全部利益诉求。不停地询问对方真正的需求有哪些，并围绕这一点进行探索。要持续探寻，这样你才能发掘对方的弱点。这包括以下要素的组合：

- 情感因素。
- 个人因素。
- 目标，比如担心无法达成某些特定的条款。
- 担心颜面尽失，或者损害同事关系。
- 其他人。
- 准备不足。

为了确定对方的利益诉求和弱点所在，你需要不断地提问。提的问题应当更加巧妙，而不是简单的"对此你担心的有哪些？"，要大量提问并注意倾听。对方在回答哪些问题时会结结巴巴？经验不足的谈判者就是那些不注意倾听的人。聆听不能仅限于表面问题，还要注重内在的含义，注意观察肢体语言。最重要的是，不要一直想着自己下一步该说些什么。

但要注意，对于哪些问题可以问、通过什么方式来问，在这些方面是存在文化差异的。对美国人来说，直接公开的提问可以被接受，但对日本人来说则完全不行。也要注意，我们得到的信息也可能并非总是"直截了当"的。这适用于美国人但不适用于日本人。

随着谈判讨论的推进，我们要从那些没什么指向性、开放性的话题，逐渐转向更重要的特定话题，并要注意仔细观察对方的反应。对方试图回避这一问题吗？如果这样的话，那就再次提问，采取更加直接的方式，但别表现得过于激进。在这样做的时候，注意观察对方的肢体语言。如果他们还是回避，那就要注意这个问题了。这显然属于敏感话题。随后你可以：

- 后退一步，随后从另外的角度就同一问题展开讨论。
- 暗示你已经知道了答案——因此他们没有什么隐瞒的必要。
- 保持沉默。提出问题，然后保持沉默，直到对方回答。

保持沉默

倾听带来沉默。保持沉默是一种有效的谈判方式。不要觉得需要填补空白，大多数人都会这样。提出问题，然后沉默。提出建议，然后沉默。耐心等待对方的回应，然后你再开口。沉默是一种强有力的武器，能够促使对方扩大陈述范围，并不时地修正之前的回答。电视台记者将其威力发挥到了极致，想想你自己曾经有多少次看到过这种例子？如果对方陈述不完整或模棱两可，也要通过沉默表示抗议。在睁大眼睛、略微扬起眉毛的同时保持沉默，这是谈判的必杀技。

回答对方的提问

双方都会不停地探究，通过提问来发掘对方的想法。许多问题都会被别有用心地问及，比如像"你什么时候才能不再打妻子"这类的问题。最好的策略是直截了当地回答："人们总是问我什么时候不再打妻子。这个问题显然是别有用心，因为他们可能早已经知道答案了。我想指出的是，家庭事务以及我们今天讨论的内容都应当保密。我确信你也不想我满世界嚷嚷咱们今天讨论的交易内容。"

你还可以就问题进行提问，但不要表现得太咄咄逼人。你可以就问题的相关性进行反驳，但不要侮辱提问者："我妻子跟本次谈判有什么关系?"在与伊恩·邓肯·史密斯（Iain Duncan Smith）辩论时，托尼·布莱尔（Tony Blair）把这种技巧发挥到了极致。邓肯·史密斯提问一个问题，布莱尔会用类似以下的回复加以反击，"在对方可能提出的所有问题中，这本应该是最不可能被问及的一个。"结果就是，布莱尔成功从问题中脱身，同时回答听起来也比较合情合理。

当然，如果你处于谈判对手的位置，那在继续推进谈判之前，你自然希望得到完整的答案。

控制局面

谈判过程中很多的压力，源于你感到自己已经失去对局面的控制。我们很快就会介绍那些更能轻易施加压力的技巧手段，但应当牢记，谈判过程中建立并保持控制权，会让我们的谈判截然不同，因此，要成为掌控局面的一方，要成为总结陈词的一方。掌握主动不仅对你有所帮助，还能帮你赢得对手的尊重。

要保持谈判过程的顺利平衡，但也要注意对方设计的陷阱，小心被算计进去，同时如果认为谈判的进度过快，超出了自己的承受能力，就应当勇于要求对方澄清或者重新阐述此前已经协商一致的内容。此外，针对目前已经达成一致的谈判内容，要求对方进行澄清，这是放缓谈判节奏的一个好办法，同时还能打断对方的谈判节奏。要定时进行总结，当你需要时间来对下一步谈判进行计划时，应当随时要求休会。要不断地：

- 记笔记。
- 保持冷静。
- 不时地退一步。

谈判对策

咄咄逼人

咄咄逼人的问题，源于古时候是战是逃的抉择。保持坚定自信，不要咄咄逼人。要自信，同时清晰地表达自己的观点。不管发生什么事情，都要保持冷静，清楚地表达自己的想法。

如果谈判变得更加火热，个人情绪愈加弥漫，千万不要以牙还牙地互相攻击。即使面对让人出离愤怒的挑衅，也要保持一个成年人的自我约束，坚守自己的立场。对方越急躁，你应当越冷静。对方如果出现言语攻击，你可以长时间地保持沉默，以凸显对方的愚蠢。当你最终开口谈判时，不要使用攻击的言辞。回到谈判问题上来，注意观察对方发飙所暴露的问题。

如果对方大声叫嚷，那他其实耗费了更多的精力，也将首先竖起白旗。我们只要耐心等待，只需要不时地重新阐述自己的立场，不要把这些挑衅太当回事，这都属于谈判的策略。继续按照你希望得到的对待方式来对待对方。

笑里藏刀

作为上述情形的另一种极端情况，我们需要当心那些笑里藏刀的谈判者。不要被他们迷惑，导致自己放松警惕，做出过多让步。不要因为对手很"友善"，就认为自己不需要认真准备。

愤怒

我们不能随意发怒，否则谈判就会失控。面对让人愤慨的提议，我们最好从另外的角度来看待问题。如果通过这种处理，使得对方无法继续以同样的方式进行下去，那显然就是一种卓有成效的应对处理。

情感

只要能够得到适当的控制，情感是一种十分有效的谈判工具。谈判者一旦大发脾气，实际上就放弃了对谈判的控制权。但谈判者可以而且应当调动所有情感资源，来传达己方的立场。一国文化也通常决定了可以在多大程度上使用情感武器。

专家

有时候可以利用专家来获取谈判的话语权。一定要提前问好，到底谁会出席哪场谈判，他们的角色是什么。如果谈判现场随后出现了某一位技术专家，要回避他提出的问题，把问题记录下来，让己方的技术专家进行回答。绝对不要直接与他们进行谈判。

> 财务总监在公司属于强势人物，通常人们要顺着他的意思行事。其所在公司作为有少数股东的合资企业提出了一个并购提案，这个提案前期调研充分且合情合理，但该公司总裁对此不感兴趣，于是财务总监就咨询了一家顶级城市投资银行的熟人，让他们就合适的贴现率发表意见，以便用于贴现现金流的计算。自然这一数据很高，导致并购目标估值看起来贵得离谱。合资企业的业务拓展总监也采取了同样的做法，征求一家备受尊重的投资银行的意见。这家银行建议的利率接近于原并购报价水平，这使得并购目标企业看起来相当划算。业务发展总监随后说，"唯一让我感到意外的是，他没有当场解雇我，但这件事情真的很愚蠢。如果不想做这笔交易，他为什么不直接说，而是试图抹黑呢？"

威胁

那些遮遮掩掩的威胁往往使用这样的台词,"如果你做不成这笔交易,就会产生可怕的后果",这要不就是强势的一方希望取得更大的优势,要不就是弱势的一方希望隐藏自己的弱点。我们可以通过要求对方确认的方式,让这些威胁不攻自破。要表明自己并不受这些威胁的困扰:"你想怎么做都行,而我们依然认为……"

最后通牒

最后通牒只能作为谈判中迫不得已的最后手段。该策略的不利之处是,人们在谈判中用得太早了。因此如果对方用这一招对付你,你应该马上让他们意识到,自己这张牌出得太早太草率了。

说谎

不要认为所有人都能一直做到实话实说。如果曾经有谈判者这样做,那只会让人惊讶。不要对所有事情都信以为真,但也绝不能坦然接受那些公开的谎言。如果一方不停地撒谎,那谈判的严肃性就根本无从谈起。如果怀疑对方撒谎,首先要观察对方肢体语言方面的一些表象特征——用手捂住嘴、揉眼睛、拉耳朵、动作僵硬等。然后认真聆听对方谈话的内容。混乱的思路很难自圆其说。不时地插话,核实对方所讲的信息,就有疑问的地方,要求对方提供证据。在这个过程中,要一直给对方提供挽回颜面的机会,但如果这样做行不通,你直接离场就是。

故意曲解

还有一个常用的策略,就是假装误解了此前已经达成一致的观点。

谈判 8

这主要是出于以下 5 个原因之一的考虑：

- 做出让步，推动谈判继续。
- 放慢谈判节奏。
- 在不丧失颜面的情况下，收回此前已经做出的让步。
- 争取时间。
- 赢得对方的让步。

白脸/黑脸

还有一种常用的技巧，那就是对方谈判团队中同时存在"白脸"和"黑脸"。其运作原理是，如果对方的黑脸没有让你精疲力竭，那当白脸接管谈判的时候，你就会感到如释重负，几乎会下意识地认同对方的所有观点。当然你不会这么做！你需要做的，就是通过以下措施，让对方停止使用这种伎俩：

- 告诉对方自己已经识破了这种伎俩，"噢不，不要再耍那些古老的白脸/黑脸手段了。我们能不能成熟点，诚心进行谈判呢？"这样说有些强势直接，毕竟你也不想让对方下不来台。"当你们自己还有两种截然不同的立场时，我觉得谈判难以继续下去，"这种说法可能会好一些。
- 摆脱棘手的谈判对象。一家财富 500 强企业的分支机构正在收购一家小公司，这家小公司由两个负责人管理。大公司的负责人独立与对方进行谈判，而且想当然地已经考虑，并购完成之后，如何才能对业务进行整合。但是他发觉，自己在就并购价格和并购交易等与一位负责人进行谈判时，经常面临各种冲突

247

和对抗，而就并购之后的新企业运作与另一位负责人进行谈判时，却很容易达成一致意见。很显然，这两位负责人相互串通并试图操纵这家大企业的负责人，后者陷入谈判的困境，并做出了不必要的让步。他应当找一位合伙人共同参与谈判，这样双方才能匹配，而不是独自前往，希望自己一举成名。
- 向态度良好的一方说明，如果另一方面还继续掺和进来，那谈判将无法继续进行下去。

虚张声势和欺骗隐瞒

如果有人信誓旦旦地说明一件事情，人们很可能就会相信，尤其是当这些话语出自权威之口时。任何事情都要有所保留。要不断验证，及时询问，观察是否存在前后不一，其原因在于，正如谎言一样，虚假信息是很难自圆其说的。

选择受限

还有一种有效的谈判技巧，那就是用简单的否定完全堵死各个退路。我们要不断地质疑。历史上的有些伟人就是依靠这个技巧，树立了自己的观点和权威。以斯大林为例，他喜欢使用像"客观地说"或者"显而易见"等词汇阐述自己的观点，即便事实并非如此。如果对方拿出了像"公司规定如此"这样的借口，直视他们的眼睛，问对方这些规定是什么时候制定的、由谁制定的。如果对方辩称，"预算就剩下这么多了"，你可以问"什么时候制定的预算？什么时候会进行新的预算分配？"如果你有一项十分合理的提议，而对方答复是"我需要向上级汇报"，那么就要继续提问，谁是负责决策的人？你能替他做出决定吗？

同样，人们也经常把前任拿来当借口，"我们一直是这样做的，现在我们不能变"。对此的回答可以是,"这次谈判很特殊,时代已经变化了,通过谈判我们能比以前做得更好"。

谈判中还存在一个变数,那就是对方说"我很抱歉,但是",紧接着就是"这超过了我的能力范围/我需要得到老板的批准",等等。要仔细审查对方所用的借口,因为这可能是虚张声势。如果你认为对方是故弄玄虚,那么要尽量巧妙地提醒对方。

没有谈判余地的项目

这是选择受限的一种形式。但在实际生活中,并不存在这样的项目。事物都是有价值的,所有的价值也都是相对的。当遇到一些"没有谈判余地"的事物时,要向对方说明,其存在会对自己产生影响,或者也可以采取以下做法:

- 尝试向其公开说明:"因此即使我们满足你在价格和条款上的各项要求,你仍旧希望把这些温布尔登债券拿在手中?"
- 将其搁置在一旁。转向其他那些你认为可以达成一致的谈判话题,从而形成谈判的势头,推动取得谈判成果。

不管随后的谈判进展如何,面对对方毫不妥协的谈判要求,即使对方那些没有谈判余地的业务对自己并没有什么价值,你都应当做好出大价钱的准备。毕竟,如果对方把某些领域界定为没有谈判余地,那他其实是在说"在我看来,这方面业务价值不菲",因此会通过索要高价以捍卫这块业务。

因技术问题而思维受限

不要因为那些技术或数字问题而受到限制。要确保你理解所有的问题。当然你会做好适当的准备，因此各类文件资料触手可及，不是吗？

虚张声势

只有实至名归的情况下，你才可以虚张声势。

让步交换

让步交换是谈判过程中最为核心的内容。其中的黄金原则是：

- 交换，但绝不让步。
- 记住，谈判过程中双方秉持的理念通常是双赢。
- 正确看待谈判。知道哪些事情比较重要，集中力量在这方面发力。自己的目标是赢得这场谈判之战。
- 要响应对方发出的积极信号，让步的频率要比让步的幅度更加重要。
- 在自己不介意的方面做出让步。尽管总是有舍有得，但在那些事关自身利益的方面，要尽量争取获益而少做让步。如果你的次要关注领域属于对方的主要关注领域，那双赢局面就出现了，反之亦然。
- 你自己的让步应当是小幅、试探性的，但应当具有规律性，以鼓励对方回应。
- 记住，对方也在做相同的事情，对方表面上的让步对你很有吸引力，但实际争取的还是对自己有利的方面。成功谈判的关键，就是要认清双方谈判主张背后的利益所在。

- 即使让步，也不应随意做出，要把让步对自己的影响降到最低。
- 让步的时候要让对方觉得，我方放弃了自己真正重视的价值。
- 对于那些可能提高自己谈判地位的交换条件，要保持开放的态度。有时我们能借此争取更大的利益："如果我们那样做的话，现在做的事情还确定会有价值吗？"
- 寻找机会，把一项让步与另外的条件联系起来。
- 找到撒手锏。撒手锏，就是对自己没有什么价值，但对对手来说却是极其重要的筹码。在谈判过程中我们要耐心解释，自己为什么不能满足对方的需求。不要轻易就此进行深入的讨论。假设自己可以满足对方的要求，取得对方在这一条件下的让步承诺。就自己所有剩下的要求设法取得对方的同意。使出自己的撒手锏。
- 记住，没有什么东西，能够让自己不计代价地争取。

案例8.1 让步的技巧十分重要

人们都喜欢胜利。有些谈判者甚至认为，对方做出让步就是自己的胜利。我们可以为这些人提供得分的机会，在自己不介意的谈判领域中提出建议，让对方占据上风，这样做的目标，自然是让对方接受自己更中意的方案。这能够帮助我们实现双赢的局面。让自己看上去像是正在放弃最为看重的原则底线，从对手的角度来看，这些让步的分量将会更重。

一家知名叉车销售公司即将退休的销售主管，在从事叉车销售40多年之后，总结了自己积累的经验。他说，"采购部门的中层希望得到销售折扣。如果去年的折扣是标价的10%，那今年他就会要

> 求15%。然后他就可以向老板报告自己的成绩。当然了，我们会修改价目表，这样如果他提出要求的话，就能得到更低的折扣。当然，我的策略一直没变，就是满足他的需求，只要我能够有所回报，比如签署额外的备件合同，但我的前提就是他需要为此付出努力。如果有必要，我会整天都待在对方办公室。经过一整天的谈判之后，想起早上9点的时候我还不肯退缩，而现在已经有所让步，这会让他感觉很好，却忘了这样一个事实，即实际上他比去年支付的价款要高得多。"

折中妥协

永远不应该过早做出妥协。因为这样做标志着你已经对这场冗长的谈判心生厌倦。只有当谈判最后，双方分歧很小的时候，折中妥协才会起到作用。在做出妥协时候，要强调自己所做的牺牲和让步。

应对加压手段

加压手段属于极端的谈判策略，目的是让谈判对手接受谈判的条款。

时机

我们再以那个双层玻璃推销员最喜欢的营销手段举例。他可能会这么说，"我们可以为你提供这项服务，但需要立即签单"。其后果是，买方通常可能紧急刹车停止这笔交易。这种做法绝对是正确的。不要让自己陷于被动的境地。推销员的很多"高压"举措，实际上属于推销的一种形式。如果这笔交易不错（对自己来说），那为什么必须要这么匆忙呢？

从你自己的角度看，让对手略微紧张起来，有时候可能是合适的策略。举例来说，如果对手设定了截止日期，给你施加压力，那么让这笔交易看起来不那么稳当可能就是再次占据谈判上风的最好方式。不管采取哪种方式，目的都是占据主动，把压力丢给对方。你希望对方把注意力从重要问题上挪开，一心只想达成交易。可以采取的策略包括：

- 装成不情愿的买方/卖方。
- 以自己的"上级管理者"为借口，作为交易的拦路虎。
- 整体上推迟谈判。
- 撤回此前的提议。
- 给对方形成一种印象，即他们的策略已经让你失去信心，看不到继续进行谈判的必要性。

虚构的谈判僵局

谈判僵局经常会出现。这是施加压力的另一种方式。不要为了让谈判继续下去而主动让步。当对手问你如何才能继续下去的时候，你可以以提问的形式回答："我不确定，你有什么建议？"运气好的话，对方会提供建议，这样事情就再次回到了原点。或者他们也会意识到你的想法，然后就会随意应付一下。随后谈判就进入拉锯战，这样对双方都没有什么好处。我们还可以采取另外的方式，那就是让对方说明，下一步谈判该如何推进，比如，"我们很希望找到某种推动交易达成的方式，但这个价格不合适。你有什么建议？"这会让对手觉得自己的谈判经验更加丰富，技巧更加高明。如果这不是真正的僵局，那对手通常会进行回复。如果没有什么退让，那就根本没有继续谈判的必要，除非你自己做出让步，因此你可以选择继续下去，或者直接离开。如果决定离场，也要向对方继续敞开谈判的大门，对方如果能提出新的解决方案，就可以继续谈判。

临时变更计划

你一定听说过这样的事。经过数周的艰苦努力、多个不眠之夜和担惊受怕之后，交易达成的曙光终于显现，就在此时对手却临时变更了计划："除非能够在 b、c 和 d 方面达成一致，否则我们无法同意这笔交易。"这种情况真是很可笑，这些眼前看起来很重要的条款，此前谈判中对方为什么不曾提及。在谈判即将结束时，球门的变化可能是对方在虚张声势。我们不要武断地下结论，因为这样做也就相当于说对方是骗子。保持冷静，控制情绪，做出已经了解了新情况的姿态，但也要向对方展示出计划变更所带来的影响。

从你自己的角度看，利用事后的想法来获得谈判利益，这本身无可厚非。谈判协议的达成，需要一揽子的条款安排。如果一项交易各层次安排都能得到稳步推进，那最终的谈判效果也会比较好。此外，双方还为此耗费了大量的时间。当一切都朝着有利于达成谈判协议的方向发展时，谈判后期也是提出自己利益诉求的好机会。如果没有就新的要求达成一致，那么此前所有的谈判成果都会毁于一旦，在这种情况下，达成协议的可能性是很大的。

破解僵局

僵局让人很不舒服，但在谈判中十分正常，而且无论如何，你也

8 谈判

无法迅速改变局面，因此放松并享受这个过程吧！谈判中首先做出让步的一方，往往是谈判中不怎么成功的一方，因此你应该什么都不做，安静一段时间。

当然，既然已经确定了最后的让步立场，你就需要坚持下去。另一方通常会提出替代性的方案。对于新的方案，我们要按照全新的谈判进行对待，同时也要小心反要约，这些要约可能与最初的要约存在天壤之别。

如果你希望破解谈判的僵局，可以尝试采取以下措施：

- 寻求新的角度。根据对方的真实需求，提出新的建议。
- 暂停正式的谈判，进行非正式交流。
- 差异化处理——变更谈判重点、地点或谈判人。
- 就一项不希望的让步内容，做出（不情愿的）让步。
- 就双方达成一致的让步内容，建议进行利益交换。
- 建议暂停谈判。
- 重新阐述和说明双方的观点立场，廓清谈判进展的合意和障碍领域。
- 做出较小的让步，以便换取对自身有利的重大进展。

然后考虑以下措施：

- 发出最后通牒。
- 让对方开诚布公地说明他们到底有多急迫，他们最重视和最不重视的内容各有哪些。
- 羞辱对方。直接问对方，为什么开了这么多会，谈判还是没有任何进展，然后提议新的谈判时间表。

- 提出重量级的要求，让对方处于防御的状态。这有助于揭露对方的真正意图。
- 向对方表明自己并不着急，即使交易无法实现也能正常运转。

如果上述所有措施都不起作用，那下一步你就不得不起身走人了。这是一个很有用的策略，在谈判中广泛使用。但不要轻易利用这个策略：

- 除非你已经尝试过所有已知的方法。
- 如果你相信，仍然可能达成和解协议。
- 除非你已经权衡过替代方案，知道自己可以承受谈判破裂的代价。
- 除非你已经做好准备，被对方发现是在虚张声势，从而失去一切谈判利益。

但如果对方依然没有改变立场，那就起身走人吧。别搞得不欢而散，也不要过河拆桥。要为谈判重启留有余地。

肢体语言

肢体语言十分重要。它构成了55%的沟通信息，因此很值得我们加以学习运用。

开放的姿态

开放的姿态是指，不管是站着还是坐着，都要面向对方，掌心向上或者把手放在明处，抬头聆听，眼睛睁开，腿和胳膊不能交叉重叠。这种姿态展示了：

- 愿意聆听。
- 有力的感觉。
- 开放的态度。
- 积极进取。

封闭的姿态

封闭的姿态是指，不管站着或坐着，都不面对对方，掌心向下或者把手藏起来，低着头，眼睛半开半闭或者不断四处张望。这表明：

- 防御性的姿态。
- 消极的态度。
- 不愿意改变主意、想法或姿态。

跷二郎腿

面向别人跷起二郎腿，传递的是一种消极的防御态度。如果你坐在某人身边，他们朝你的方向跷起二郎腿，那就表明他们在你面前很放松，愿意与你交流。而如果他们朝相反方向跷起腿，则传达了相反的意思。

倾身

身体向某人倾斜，进入他们的个人空间，这表明你愿意与其在思想上进行沟通。但如果太近就会变成威胁性的姿态了。要摆出"倾向性"的姿态，表明你愿意进行改变。身体倾向一旁，则表明你不赞同对方的观点。

眼睛

从上眼睑相对于眼球虹膜的位置中，我们可以看出很多事情。上眼睑越高，表明越感兴趣。如果从瞳孔上方可以看见眼白，则表明这个人感到震惊或惊讶。当眼睑位于眼睛虹膜上方与瞳孔之间时，表明人们对此高度感兴趣。若上眼睑与瞳孔齐平，则表明兴趣正在衰减，当其落到瞳孔下方时，则表明听者开始厌倦了。

绿灯信号

所有的营销书都很重视对绿灯信号的探查。不要错过那些可以达成一致并继续谈判的信号。绿灯就是终点线——你可以停下来。确认绿灯出现的过程，就是确认谈判者开始放松的过程。当谈判者披荆斩棘地进行谈判时，他们的大脑在高速运转。他们的身体也会保持警觉，这个特征会表现得很明显。一旦做出决策，他们就会放缓思绪，身体也会放松下来。我们可以通过要求对方同意将谈判推进到下一阶段，来测试是否存在绿灯信号。然后要保持沉默。在这一阶段任何多余的插话，都只会让你为达成协议做出更多的让步。

学会辨识并反馈信号

信号是谈判过程的重要组成部分，不论你是发送还是接收。信号可以展示出谈判的风格、你（及谈判对手）的需求、专注程度以及积极探寻的诉求领域等。注意不要发出一些无意识的信号。

开放的姿态表明，对于你的提议，对方感到轻松自如。"倾向性"的动作则表明，你提出了一个令对方感兴趣的话题。此时要及时提问，弄清楚对方感兴趣的领域及原因。

我们不应忽视各种信号，除非它们是虚假无意义的。对于收到的所有信号，我们都应当对其进行解读。

无法实现双赢时应当如何操作

谈判默认的目标，应当是实现双赢，这样双方就能取得整体上最好的结果。但如果对方追求的是非赢即输，那么你也应当调整策略，采取更为激进、竞争性和非赢即输的谈判方法。在这种情况下，合作策略是行不通的，因为谈判需要双方才能达成。与此类似，有些时候，你感到自己是如此的强大，以至于双赢的结果似乎没什么必要。

非赢即输的谈判策略

你应当抵制对方采取的非赢即输的谈判策略，如果有可能还要对其进行惩罚，以便保护好未来谈判的空间。为了抵制非赢即输的谈判策略，你应当：

- 及早介入，表达明确而冷静的反对意见。
- 展现出坚如岩石般的信心。
- 坚守自己客观而不含感情色彩的观点。
- 掌握好自己准备讨论的内容及其顺序。
- 细心观察谈判的节奏和氛围。如果需要，做好重新规划的准备。

- 在谈判之初，就要避免做出咄咄逼人的姿态，或者是防御性的姿态。这两者都有可能是争吵的源头。
- 寻求双方的信息交换，来明确彼此的立场。
- 要向对方强调谈判失败的后果。这样做的目的是增强互信，同时如果无法达成一致，明确表明双方将面临的困难。
- 试图建立共同的问题解决机制，推动对方采取双赢的谈判策略。

面对一场谈判角力，当你确信自己可以成为赢家的时候，采取非赢即输并保持竞争姿态可能会更好。面对非赢即输的谈判，为赢得胜利，你需要：

- 确定自己为了取得既定目标所必须做出的牺牲。
- 说明如果无法实现谈判目标，将会产生怎样的后果。
- 努力阻止对方做出明确的承诺。如果对方这样做了，那就要为对方预留挽回颜面的退路。
- 你的谈判目标是让对方确信，你所能接受的最好结果，也就是你期望最低的结果。但这是一场谈判，你不得不进行利益交换。其中的技巧在于，要缓慢而不情愿地做出小的让步，以此换取更大的利益。
- 如果发觉自己进度缓慢，可以通过更换谈判话题或谈判策略，做好灵活应对的准备。

结论

谈判的过程，通常也就是双方通过利益交换解决冲突的过程。相互信任，而不是相互算计，这是成功谈判的重要条件。谈判并不总是意味着冲突，尽管有时候需要一些博弈手段，这也是为什么那些有技巧的谈判者能够取得更好的谈判结果。但不论怎么说，只有当各方认为谈判过程清晰、公平的时候，才更有可能取得可持续的谈判成果。要尽可能地进行详细规划：

- 制定谈判目标。
    - 主要目标是什么？
    - 各目标的相对价值如何？
    - 谈判范围如何设定？
- 获取对手信息。
    - 从对手的角度回答以上问题。

应当记住，谈判不仅需要直觉，也需要逻辑思维。逻辑本身会导致失控的局面，我们在电脑交易股票的过程中经常看到这一点。在这种情况下，直觉就会发生作用，它会帮你找到契机。计划仅仅是辅助性的，尽管你在上面耗费了大量的精力，有时候你却不得不把此前制订的计划抛在一旁。这有点像你有一张购物清单，但仍然希望得到买1送1的优惠。你应当保持对时机的敏感，但从另外的角度看，更多地依赖直觉，也就意味着决策做得太快。但谈判是实时的，因此有经验的谈判者需要能够紧跟谈判进程，相信自己的直觉。要通过潜意识来把握知觉没有注意到的内容，比如肢体语言、声调口吻等。你应当通过自我质问，来评估那些潜意识的内容。如果感到有问题，那可能就是有问题。谈判会熟能生巧，好的谈判技巧是可以相互传递的。要观察其他人的谈判举止，并加以借鉴。

最后：

- 要努力达成共识。
- 要给予对方其所珍视的,同时对自己不太重要的东西。
- 要取得自己所珍视而对方所不屑的。
- 记住,对双方都很重要的问题总是存在的。

9

ACQUISITION ESSENTIALS
A Step-by-step Guide to Smarter Deals

买卖协议

导语

保密协议早已经签署，意向书成了久远的回忆，尽职调查工作也已经收尾。如今双方应当已经掌握了足够的信息，可以谈判确定最终的并购协议了。按照普通法的要求，并购协议往往十分冗长。律师们声称，他们要通过法律条款应对各种可能出现的情况，以反映尽职调查及相应的企业估值的工作成果。

起草并购协议初稿的一方，通常会占据谈判的优势，因为协议初稿决定了并购协议的步调、风格和结构。此外，现实中另外一方很可能只对协议本身的内容提出批评建议，而不会另外提出新的要求。协议初稿应公平合理，而不是公然偏袒一方而惹怒另外一方。但是，在协议初稿中写入一些不合理的条款也没什么错，你原本知道这些条款会被删除，对手方也会认为，当你勉强同意删除此类条款时，他们在这方面占据了上风。

协议为什么是必要的

只要有一份从法律用品商店买来的单页的股权转让协议，一家企业的股份就可以从一个人手中转移到另一个人手中。既然这样，为什么还要费时费力地准备一份200多页的股份买卖协议呢？答案就是，当通过股份收购的方式来并购一家企业时，这家企业的所有资产和负债会整体转移，而不管买方是否想要。如果被并购对象是一家历史悠久的企业，或者一家多次易手的企业，那么这可能会让买方承担起过去的、不清晰或无法量化的债务。因此，通过签署股权买卖协议，就能够为双方规定好明确的条款，让买方知道自己所购买的与预期一致，让卖方知道自己所出售的也一如预期。如果目标企业与预想的不一致，买卖协议还能为买方提供一定程度的法律保护。

按照盎格鲁－撒克逊模式，股权并购要受到《合同法》的约束。双方都没有向对方进行信息披露的义务。这就解释了买方为什么要对公司进行广泛的调查，并在合同条款中约定，相关内容依赖于卖方的答复。在并购交易完成之前，买方需要找出其所需要的有关目标企业的全部信息。但如果卖方没有告诉买方全部事实，或没有针对买方的提问进行准确答复，那么会出现什么情况呢？或者，在并购交易完成之前，某些问题无法给出明确的答复，那又将如何呢？针对上述两种意外情况，合同将制定由双方商定的条款，也就是保证和补偿条款。此外，在并购一家公司时，买方之所以需要借助法律条款的保护，还有两个法律原因：

- 英国法律规定，买方并购一家公司时，遵循的是"所见即所得"的原则，并购之后想要退款可不是一件容易的事。在拉丁法律制度下，也是买方自负或"购者自慎"的原则。
- 买方不能完全依赖审计后的账目信息。如果对账目的审计存在疏忽，那么买方就只能在极其特殊的情况下，希望可以通过起诉审计师来获得补偿了。

与此相反，在资产出售过程中，买方只购买其希望购买的资产，而对于自己不希望收购的业务，则会完全丢在一边。

买卖协议

大体来说，并购协议应当包括以下内容：

- 并购交易的主要财务条款。
- 交易的结构。
- 双方的法律权利和义务。
- 违反协议之后的补偿条款。
- 并购交易达成前，双方必须采取的行动。

并购协议应当对双方有关交易的全部内容做完整的记录。这样可以降低未来双方发生争执的可能性。为此，协议需要规定清楚，谁在购买哪些业务、何时购买、价值几何以及购买的各项规定等。协议还应当说明，本规定代表了双方的整体合意。

协议还应当列明，需要立即对目标企业进行的改善举措有哪些。这些内容包括，董事长的辞退和任命、审计师的辞退和任命、银行债务的偿还、公司章程的变更等。

协议各部分的顺序通常是：

- 协议介绍。
- 陈述。
- 交易要点。
- 陈述与保证。

- 限制性条款。
- 术语解释。
- 成交条件。
- 补偿条款。
- 综述。

协调介绍

介绍部分主要包括两项内容：

协议执行的法定程序

在部分而非全部欧洲国家，协议要想生效，必须满足特定条件。比如，根据德国法律的规定，协议必须经过公证后才能产生效力。这意味着，作为协议组成部分的所有合同资料都应经过公证。而在荷兰，只有股权的变动才需要公证。

合同当事人

显然，协议应当列明合同当事人，但有时合同当事人不明显。只有协议双方的股东才能让合同真正生效，但实际情况可能相当复杂。如果存在受托人，那么协议之初可能就有受托人的介入，此时就需要对卖方主管/卖方股东的权限进行仔细确认。例如，十分常见的情形是，信托条款禁止受托人进行担保授权。此时，如果人们认为，卖方主管/卖方股东做出的授权，是代表公司全体股东做出的，那么这种情况的存在就会对协议执行的时间安排带来影响。

陈述

协议会有部分段落描述（或引述）协议签署的原因，或者介绍对协议进行解读的背景。让人迷惑不解的是，这些段落的起始语往往是"鉴于"。

交易要点

通常，并购协议的开头部分会列明交易要点。交易要点通常会说明股权转移的明确要求、买方的附属企业、何时以及如何计算和支付并购价款等。

对价

尽管形式灵活多样，但买方支付并购价款通常可以采取三种基本方式：

- 现金。
- 股权。
- 债务。

现金

这种方式的便利性不言而喻。考虑到税收因素，卖方通常愿意接受现金支付。

股权

股权有多种形式，包括普通股、优先股、可转换股票和可赎回优先股。[1] 接受股票支付方式的卖方会认真权衡股票所附带的权利，并评估现在以及未来的股票价值。他们考虑的因素包括：

---

[1] 顾名思义，普通股也就是公司那些与其他股票一样，享有同样分红权和投票权的股票。而优先股股息固定，在公司清算和股息分配过程中要优于普通股。可转换股票是指可以按照预先设定的条件、在预先设定的日期转换为普通股的股票。可赎回优先股规定有固定的赎回期限。

- 分红将如何支付？何时支付？
- 是否有固定的分红？若无法支付分红，将如何处理？
- 如果卖方想出售股票，是否存在交易市场？出手该股票是否会受到公司章程的限制？
- 在卖方持股期间，是否存在有效的控制措施，防止有人通过交易瓜分买方企业？
- 为了防止买方稀释股份，有哪些保护措施？

债务

卖方考虑的主要问题包括：

- 利率——固定的还是可变的？
- 相关利率水平是否反映了卖方所接受的债务的风险水平？
- 债务发行人的信用水平如何？是否应当从其母公司或银行取得担保？
- 导致借款人必须足额还款的违约事件有哪些？
- 债务是否可以转移？

保证人的担保

从卖方的角度来看，一旦合同签署，买方就应当保证按照约定价格付款，除非双方此前签署过递延条款。通常，卖方并不满足于仅由买方签署的并购协议，而要求其"由保证人提供担保"。在这种情况下，最常见的担保形式，就是在买方无法付款的情况下，由金融机构承诺支付。

对价支付时间

付款的方式可能是交易完成时支付固定金额，或在支付首期金额后，剩余部分根据后期情况比如公司业绩、是否有保修索赔、竣工结算情况支付。根据未来的业绩进行结算可能存在一定的问题，因为并购交易完成后公司的业绩表现，在某种程度上取决于新东家的经营情况。因此，对并购交易完成后公司业绩的考量，最好集中在短期内，比如在并购交易完成时公司的状况。

押金

押金是指买方把并购款的一部分保留下来。买方保留押金，主要是为了在卖方未来出现信用问题时，保证对方的担保和赔偿请求能够实现。买方留下部分并购款项，随后如果出现担保或索赔事宜，这部分资金就能派上用场。押金还有一个作用，就是促使卖方完成自己承诺的目标，比如主要供应商同意继续合作或者实现某一特定的利润指标等。

保留押金时所考虑的主要问题包括：

- 为什么要保留押金？一定要在合同中解释清楚，这一点十分重要。
- 哪一方将保留押金？哪一方负责支付押金？如何保管押金？应该使用哪种账户？
- 押金及其利息应如何处理？通常的规定是，支付押金的一方享有押金利息。
- 应当退还押金的情形。

资金托管

押金的出现，主要是为了在出现索赔时，避免买方承担卖方的信用风险。而如果未来不再使用押金，也可能出现买方不付押金的情况，为了避免卖方承担这种风险，交易资金通常被存在托管账户中。托管账户实际上是一个银行账户，由代表买方和卖方的律师以双方共同的名义开立。只有当双方协商一致时，才能提取账户资金。如果没有满足上述条件，资金就会返还给买方。

表9.1列出了并购的主要风险及托管解决方案。①

表9.1 并购的主要风险及托管解决方案

风险	托管解决
对买方来说	买方的保护措施
卖方所做的陈述及保证不真实	并购价格的一定比例要存入托管账户一段时间。如果在这段时间内，卖方的陈述和保证没有被发现作假，那就把托管资金转给卖方
卖方并没有践行其所同意的条款	同上
业务骨干员工即将离职	把现金或股权放在托管账户中，只有当一定时间之后员工仍然在职时才能取出资金
卖方不能或者不想支付咨询费用	把咨询费放在托管账户中，当咨询工作完成后就能提取
对卖方来说	卖方的保护措施
买方不支付盈利支付计划规定的那部分金额	把盈利支付计划规定的奖励存在托管账户中，一旦公司业绩基准达标，就通过该账户进行支付
对双方来说	保护措施
某些许可，比如政府许可难以迅速取得	把并购款及股份都放在托管账户中，只有当取得许可之后才能提取

在实践中，有关并购协议很重要的一项内容就是，托管规定（可能需要在并购协议签署后的一段时间内实施）必须首先明确，尤其是

---

① 摘自"并购市场中托管的作用"，萨夫兰，莱斯和玛祖卡，约翰，全球金融家，2003年3月/4月。

对于何时可以提取资金、向谁支付资金等方面，必须要有明确具体的规定。

盈利能力支付计划

盈利能力支付计划是保护并购方的另外一种方式。通常，现有公司的管理层将继续为本公司工作，并根据其业绩表现享有递延的绩效奖励。盈利能力支付计划的条款要根据具体情况而定，并包含以下内容：

- 要明确买方和卖方之间的关系，尤其是在决策制定方面。
- 盈利能力支付计划适用的期限。
- 计算盈利能力支付计划支付金额所用的公式。
- 为防止买方故意压低利润而采取的限制措施（或任何用于计算盈利能力支付计划所参照的标准）。

对卖方和买方来说，盈利能力支付计划既有优点，又有缺点。

对卖方而言的优点

- 对于企业发展，如果卖方恰巧比买方更乐观，那么就可能得到一个更好的报价。
- 类似地，对于风险因素，如果买方比卖方更悲观，当这些风险并没有实际发生时，那么卖方就有可能获得更高的报价。

对买方而言的优点

- 并购价格体现了公司的业绩。卖方经常会高估企业的发展潜力。

采取这种方式,可以让买方只有在公司业绩超出一定水平时才进行支付。
- 鉴于最终的价格要根据企业的未来利润来确定,盈利能力支付计划的存在,使卖方至少在盈利能力支付计划期间必须继续为企业发展而不断努力。如果目标企业还依赖于现有管理层或者某一位主管,那么这一规定就更重要了。

对卖方而言的缺点

- 尽管交易完成后,卖方还需要参与业务经营,但它们已经失去了对企业的控制权。买方可以做出全部的重大决策,目标企业未来盈利的可能性,完全取决于买方的控制(比如融资条款)。因此,在盈利能力支付计划规定的期间,卖方对利润的影响微乎其微,因此得到的盈利能力支付计划的资金也将低于预期。这会导致继续留下来的管理层和买方之间关系恶化。
- 部分购买价款的支付被推迟了。
- 盈利能力支付计划的规定,很容易让卖方把注意力放在最高并购价格上,而考虑到买方的干预,现实中达到盈利能力支付计划的要求是很难的。

对买方而言的缺点

- 管理层可能会只注重对业绩的追求,以实现盈利能力支付计划的目标,而不会做长远打算。
- 由于公司结构及费用限制,公司的灵活性受到很大影响,可能很难适应剧烈的市场变动。

盈利能力支付计划已经不再流行

与以往相比，盈利能力支付计划已经不那么流行了，这主要是由以上所说的缺点导致的。此外，要想确定相关标准是否已经得到满足，经常存在困难（这在押金条款上也很常见）。尽管双方共同签订的买卖协议可能已经制定了相对详细的规定，对于采用何种会计政策以及一系列账户流程的处理等达成了一致，但很普遍的情形是，双方的会计师对确切的数据经常存在争议。

如果你希望引入盈利能力支付计划，那就把盈利能力支付计划的适用期定得短一些：一到两年足矣。同时，要对合同中的承诺和限制性条款保持清醒而现实的认识。记住，约有半数的盈利能力支付计划结局并不美好。

陈述和保证

协议应当包含用于保护买方的陈述和保证条款，具体包括公司当前状况、历史情况，还包括全部负债情况，以及适当时候的补偿规定。在协议中，买方也要对公司的财务和法律诉讼情况等做出陈述。保证以及与此相随的补偿条款是合同的重要组成部分，我们将在下一部分对此进行详细探讨。现在，我们介绍下面的情况就够了，那就是陈述和保证的两个主要功能。

第一，正如在第6章（调查并购目标）所说的，它们属于买方尽职调查工作的组成部分。如果保证存在例外情况，那么必须进行披露。通过披露将为卖方提供有关业务的信息。

第二，这有助于在各方之间分散风险。通常来说，这样做的目标是，让卖方为那些并购交易完成之前的债务负责，而让买方为交易完成之后的债务负责。

交易完成之前，如果一方在合同中的陈述不实，那么另一方可以随时走人，而无须承担责任。如果这些陈述在事后证明不真实，那么买方就可以因陈述不实而提起诉讼。

陈述不实

因陈述不实而引发的诉讼，可能是由于缔约前的声明，在尽职调查期间发现的情况，并购合同本身的规定，或者披露函所披露的文件资料。卖方尤为关注，希望尽量避免的，是尽职调查期间员工声明所引发的责任，因为卖方很难控制这些内容。为此，卖方会要求引入"完整合约条款"及/或除外责任条款。

完整合约条款实际上规定了，除合同中明确说明的内容，买方不应当依赖其他任何的陈述，也不应当信任其他口头或书面的声明。排除了买方对此的依赖，错误陈述所导致的重要后果之一就会被消除。但从以往经历来看，这类条款实际上并不足以把卖方排除在各类责任之外。

如果卖方希望避免因错误陈述带来的诉讼，那么该条款应当：

- 明确地排除那些没有在合同中包含的声明责任，而买方在本起并购中也必须认同这一观点。
- 要区分出因疏忽或非故意做出的错误陈述，把上述责任排除在外是公平合理的，而把恶意陈述的责任排除在外则既不公平也不合理（《1977年不公平合同条款法》）。

限制性条款

对目标实施并购后，买方并不希望其新购企业的商誉受到伤害。因此，买方不希望与卖方在同一市场展开竞争。通常，股权销售协议中的限制性条款就是为了实现这一目的。各方协商一致的限制性条款，要么是为了实现上述目的，要么是为了制止对方在特定时间内从事特定活动。这些限制性条款对交易并购结束之前各方的业务范围进行了界定，同时对为完成交易，双方必须采取的措施进行了说明，并规定了交易双方应当如何应对第三方，比如其他潜在的购买人等。

大多数限制性条款，尤其是针对买方的规定，在交易结束时也会一并到期。而其他规定，如卖方禁止竞争的要求、卖方不能挖走雇员或客户的规定等，通常在交易结束后的很长时间内还继续有效。这属于法律规定中十分复杂的领域，我们在下面列出其中涉及的主要原则。

从法律角度来看，合同中的条款如果限制了卖方或者员工的活动，那么这些条款往往被视为没有强制执行力，因为它们违反了公序良俗。这些条款要想产生法律效力，必须满足两个条件：

- 这些限制性条款必须是合理的，而且必须符合签约双方的利益。
- 这些条款必须有理有据，不违背公众利益。

对这类限制性条款而言，如果它们超越了保护相关各方法定利益的范围，那么就会不再合理且失去效力。因此，我们要搞清楚的问题是，买方到底需要保护哪些利益。与起草一份无所不包但没有强制力的条款相比，制定一份范围有限但可以执行的限制性规定要好得多。要考虑的问题包括：

- 交易结束之后，卖方对同一领域的业务还有继续经营的意向吗？如果是，那么从经营区域上看，卖方将在哪里展业呢？
- 目标企业的经营性质是什么？经营地点在哪里？企业经营性质可能发生变化吗？

- 目标企业有一些员工,他们与一些高价值客户、潜在客户及供应商存在合作关系,这些高级雇员会因为此次并购而提出辞职吗?他们是否能够接触商业秘密/保密资料?

限制性条款的类型

在确定了基本条款之后,买卖双方进入新的阶段,需要确定哪些限制性条款是必要的。下面所讨论的 5 种限制性条款中,一种或多种可能是必要的。

- 非竞争条款。这一条款的目的是阻止卖方在同一业务领域与目标企业展开竞争。该条款的适用范围,仅限于公司现有业务、现有经营区域,否则就不会产生效力。
- 禁止挖角客户条款。这种类型的限制性条款规定,在并购交易结束后,禁止卖方挖角目标企业客户。禁止挖角客户群体的范围越小,定义越清楚,效果就越好。
- 禁止与客户交易条款。这种类型的条款限定范围比以上两种更广,因为它不仅禁止挖角现有客户,还要禁止与其进行交易。同样,这类条款制定得越详细,执行效果就越好。
- 禁止挖角雇员条款。这类条款禁止卖方在并购交易完成后,从目标企业的雇员中挖人。如果这类条款只针对高级雇员,那么就更具有可行性。
- 保密条款。这一规定目的是保护目标企业的机密信息。与其他类型的机密信息相比,法律更倾向于保护企业那些重要的业务流程(比如商业秘密)。

因此,限制性条款所保护的,必须是合法的商业利益,而且在保护的范围、地域和时间上都是合情合理的。这些条款要写入股权购买协议，用以保护买方所购业务的商誉，因此在合同签署的时候是完全合法有效的。当执行的时候，这些条款必须是合理的（如果它们曾经是合理的），而且应当是"整体"合理的。举例来说，如果法庭认为一年的限制期是合理的，但合同中规定的是三年，那么整个合同的限制都会失效。法庭不会认可执行一年的限制期规定。重要的是，条款必须针对交易的特定情况进行设计，而不能只按照标准格式进行简单的炮制。为此，起草这类条款的律师必须清楚：

- 公司的业务内容。
- 卖方出售的原因以及出售过程中的问题。
- 买方为什么购买，买方看重的业务价值在哪里。

术语解释

这部分对贯穿于协议资料前后的各种术语进行了定义说明（如果有些定义只在某一部分使用，那么就只会出现在那一部分）。最重要的是那些关键的概念，它们确定了协议是如何运作的。

成交条件

交易实现必须满足特定的条件。通常需要满足的条件包括监管机构的审批和第三方的同意。大多数情况下，并购协议会有这样的规定，如果在交易完成前一方无法满足特定条件，那么另一方可以选择走人。

作为一项常见的原则，除非存在明确的法律要求，或者对一方或双方而言从经济上是必需的，否则协议中尽量避免设置前提条件。这些条件可以分为主观和客观两类，表9.2列出来了部分内容以供参考。如果你属于掌握控制权的一方，那么主观条件的设置无足轻重，但如果这些条件取决于另外一方的好恶，那么你就应当尽一切可能阻止设定这些条件。

表9.2 成交条件示例

	客观条件	主观条件
描述	通常要取决于第三方的行动，可以被视为已经存在的客观事实，比如，公平交易局对一起并购的批复等	通常取决于买方或卖方满意与否，比如，卖方对其开展的尽职调查表示满意等
举例	• 全部相关的通知和文件资料，以及从权威机构取得的审批，比如竞争主管机构和行业监管机构 • 买方或卖方董事会、高管或股东对本次交易的批复 • 目标企业债务已经得到偿还 • 为本次并购提供资金的贷款合同已经不受限制（除非交易已经完成） • 已经从第三方取得了对本次交易的同意、批复和确认，且没有对并购协议提出反驳，比如，如果一家企业有几份大额订单，那企业就要从其最大的客户那里得到确认，不会反对公司控制权的变更条款	• 买方必须完成令自己满意的尽职调查 • 买方必须确认，对自己所购的股份，卖方是唯一的法律所有权人，在该股份及目标企业子公司的股份上，并没有任何其他的期权或相关权利

这些条件所带来的后果

上述规定的存在将带来一系列的后果：

从并购交易到并购完成之间的业务行为

在双方签署买卖协议之后，相关条件满足之前，会有一段间隔时间。在这段时间里，卖方希望在不受买方干预的情况下继续发展业务，而买方则希望公司业务一切如常。对此通常的解决机制是，要让买方知晓公司的所有重大事件，而且对于公司正常业务范围之外的事件，买方也需要随时知情。对于因出现上述情况而采取的措施，买方拥有否决权，或者至少是顾问咨询权。

保证

保证是在双方签订买卖协议的时候做出的。买方通常希望这些保证在并购结束时依然存在效力，即使合同签署到并购完成之间发生了变化，买方的利益也能够得到保障。卖方通常会强烈反对保证条款的效力延续。卖方可以辩称，在双方签署合同的同时，企业的风险就已经转移给了买方，合同签署到并购完成这段时间的企业经营收益归买方所有，同时，对这段时间内企业可能发生的债务和出现的损失，买方也要做好接收的准备。

披露

对于在并购交易完成时，是否允许卖方更新其披露文件的内容，也存在类似的争论。如果允许这样做，卖方披露了此前在披露文件中没有说明的信息，那么买方就可能希望拥有解除合同的权利。

践行承诺

合同应当包含合适的最后期限条款，以防一方没有履行承诺，并应当说明将采取什么措施以及何时采取措施。具体来说，应当考虑以下因素：

- 是由双方各自承担损失吗？
- 保密性——双方需要返还各自的保密信息，这一点十分重要。
- 挖角客户和员工——如果在雇员合同的条款中进行了适当的限

制，卖方就可以防止这种情况的发生。

补偿条款

补偿条款这一部分内容是协议中用以分散资金风险的主要手段。当其中一方违反协议中的陈述、保证、限制和其他义务时，这些条款界定了买卖双方的索赔权利。

尽管补偿条款通常有利于买方，但卖方也可能成为得到补偿的一方。比如，在一笔以买方股票为支付对价的交易中，如果买方对自身业务或其他事项存在错误陈述，影响买方股票价值，那么卖方通常就可以因此要求对方赔偿。

我们将在下一部分讨论保证和赔偿的内容。

综述

我们通常把合同的最后一部分称为标准条款。这是一个专业的法律术语，是对合同末尾相关术语进行界定的条款。这部分的内容包括：法律适用条款、合同的法律费用由谁支付、协议的相关通知如何发出及其生效时间、双方终止协议的权利以及协议终止的生效等。

买卖双方通常都会同意，各自支付自己的费用。此外，买方还会要求卖方用自己的资源支付费用，而不能动用所售企业的资源。我们一定要对合同最末尾的这些条款进行仔细阅读，因为其中经常隐含着一两个意料之外的陷阱。

保证和补偿

不管是哪起并购，买方和卖方总是存在根本性的冲突。当所买的企业与自己的预期不一致时，买方通常希望可以反悔。而卖方则非常欣赏"购者自慎"这句名言，因为根据这种思路，买方的补救措施和自身应负担的责任都受到了限制。

并购协议中的保证和补偿条款是为了限制"购者自慎"这一原则的滥用。有多种不同的方法可以实现这一目标。

何为保证

保证就是担保存在特定的情况。任何违反该担保进而影响并购估值的情形一旦出现，都会赋予买方对并购价格实施追溯调整的权利。

何为补偿

从另一方面来讲，补偿属于均等的补救措施，无论目标企业的价值是否受到影响，只要特定情况出现都要进行补偿。

问题

相关问题包括：

- 卖方的财务状况。
- 保证和补偿的性质及范围。
- 告知书。
- 对索赔时间和索赔方式的限制。
- 索赔最低金额和最高金额。
- 如何界定违约并实施索赔。
- 损害程度。

以下将逐条讨论。

卖方的财务状况

保证的可信度取决于承诺人的可信度。保证和补偿条款的效力也不例外。如果买方行为诡异，或者把所有资产转移到巴哈马群岛（Bahamas），那么我们最好考虑采取其他形式的保护措施。

寻求其他的保护措施时可能需要另辟蹊径，这方面有一个很好的例子，即在税务当局可能会对集团费用进行的税务处理上，一起并购中的买卖双方产生了分歧。买方认为，外界会觉得集团费用过高，因此会增加税务负担。但它认为，要求对方进行税费补偿并不靠谱，因为这些补偿难以实现，自己也没有做好准备花时间和精力就该索赔的正当性与对方进行一场不可避免的拉锯战。它也知道，卖方的财务状况并不理想。最后它同意把目标企业剥离到新公司中，给卖方留下一个壳公司，以承担相应的税务风险。

保证和赔偿的性质及范围

并购协议中设计保证条款的目的是：

- 通过声明或保证事实情况或协议约定与买方所见到的一致，保护其免受不利的意外情况的影响。
- 当存在不一致的情况时，为买方利益提供保护。
- 促使卖方提供适当的信息，在披露函中进行准确和完整的说明。

保证条款的起始语往往是：

卖方/保证人向买方保证，一如披露函所列示的那样，下列保证在各个方面都是真实准确的。

保证属于合同条款。如果违反保证，买方可以就损失提出索赔。

对现有事实的真实、准确提供的保证属于绝对保证。即使保证条款中列明"就保证人所知所信",也依然不能免除其绝对保证的效力。法庭会对保证人的知识范围进行客观测试。保证人将被认为拥有全部的知识信息,一如人们合理预期其应当具备一样。即使是保证人对未来事件所做的陈述保证,这一点依然适用。法院认为,保证人所做的该类保证,应当如实做出,并且要基于合理的假设。

并购交易完成后,如果买方认为,自己的所得与之前的预期存在差异,那么他应当证明:

- 这种情况违反了特定保证或一系列保证,而这些保证没有被排除在披露函的范围之外。
- 违反该保证导致业务价值低于支付的购买价款,或者在极少数情况下,买方因此遭受了实际损失。

最后这一点十分关键。买方简单表明对方违反了保证条款,仅仅这些并不够。买方必须证明损失的存在,并对其进行量化。实际上,这意味着,买方必须证明,公司价值低于其所支付的价款。无论如何,这不是一件轻松的工作,因为截至买方发现违反保证的情况时,有很多其他因素也会影响公司价值。下面我们将对此进行更详细的阐述。

披露函会界定保证的范围,因此通过披露函以及协议条款,卖方希望将部分风险转移给买方。

披露函

保证是由卖方所做的事实声明。它们是买方要求损害赔偿的基础,后者因为信任这种不实信息而遭受了损失。接下来,我们集中讨论一下针对保证所做的披露。

保证的开头往往是"除了……之外,本公司并不存在未决诉讼"。

比如，保证可能写道，"目标企业未涉及任何诉讼"。如果要求卖方提供类似保证，但卖方难以做到，原因比如是卖方确定涉及诉讼，那么双方并不会修改保证条款，而是会选择披露事实情形，即实际诉讼的详细信息。这些内容通过单独的文件进行披露，也称披露函。通过对保证的例外情况进行准确的描述，卖方规避了在保证条款下的相关责任。这看起来好像绕了一个大圈，但是切实有效的。

关于用词不当的问题

"函件"这个术语其实就属于用词不当的一种。"函件"更像是一个文件柜。这是因为披露函件会包含一系列的文件和报告。这是一项十分重要的谈判工具。通常要经过多个版本的草稿之后才能成文，卖方也会尽可能地拖延披露此类信息。这使买方如果不坚持要求卖方尽早进行完整的信息披露，就不得不在合约签订前的最后一分钟里费力阅读并理解那些条文的内容。

必须要披露真实准确的信息。如果卖方只让买方注意某些事实，由买方自己来推导出问题的真相，这样做对卖方来说是不够的。如果卖方只是披露这些事实将会导致的后果，这种做法也是不妥当的。

案例

在利维森（Levison）与法林（Farin）一案中，卖方就买方的特定保证展开诉讼，尤其是就上期资产负债表中公司净资产价值的变动情况。卖方已经披露的信息是，公司因状况不佳，价值正在下降。法庭认为，卖方对这一保证的披露并不具体，没有解释清楚如何违反了"净资产没有发生重大变化"这一保证条款。卖方应当就特定保证条款的违背情况进行详细披露。

买卖协议 9

> **案例**
>
> 从欧洲复印公司（Eurocopy Plc）诉戴思德（Teesdale）一案中，我们可以看出，保证条款的例外情形之所以能够成立，是因为要根据买方掌握的实际信息进行判断，而不仅限于披露函所包含的内容。在该案中，卖方担保称所有重要事实都已经进行了披露。并购协议中包含的标准条款写着，除了披露函中所列的信息，在并购完成的时候，买方所知的关于目标企业业务的信息都是没有重大影响的。但是，上诉法庭判定，买方声称因违反了保证条款，公司股票价值实际上较低，由此自己因以特定价格购买了股票而造成损失，就此，买方并不能进行索赔。在就价格达成一致之前，买方就知道目标企业的问题所在，因此在确定自己的出价之前，就应当把这些因素考虑在内。

这一裁决与合同的基本原则产生了冲突，按照这一原则，必须由订立合同的双方来确定协议的内容。这就意味着，对于因自己清楚知道的信息而导致对方违反保证的情况，买方在提出索赔的时候要保持谨慎。同时，对于买方实施的尽职调查也构成信息披露的内容这一观点，买方自然不会同意。

对索赔时间和索赔方式的限制

首先，最好避免索赔。买方很可能收不回自己认为合理的赔偿。最后的结果可能是成本不菲，时间冗长，这些都会对买方的业务经营造成困扰。对于买方何时及如何进行索赔，卖方通常会施加限制条件。具体来说，它可能会坚持：

- 比法定 6 年更短的时间要求。通常索赔有效期是交易完成之后的 2~3 年。但我们也应当保持警觉，因为对于某些类型的保证条款来说，更短的时间限制可能并不适用，比如在环境保护方面的保证条款。
- 发出索赔通知的正式规定。这些规定可能会被写入协议中，只有满足这些条件，索赔通知才能正式生效。通常来说，通知必须详细说明提出索赔的合理原因、导致提出索赔的具体内容以及索赔金额等。

索赔最低金额和最高金额

与此类似，卖方也希望对于索赔的最高和最低限额予以规定，如下所示：

- 最低豁免规定，比如索赔的最低额度要求。这避免了提出大量小额索赔的情形，有时候小额索赔会产生巨大的影响，比如在雇佣合同方面，个人索赔额度可能不高，但如果汇总起来额度就会十分巨大。为此，双方应当对最低豁免规定进行认真协商。
- 除了最低索赔规定，卖方还希望规定最高索赔限额。责任限额的最高额度通常是目标企业的售价，但这具体要取决于双方协商的结果。

对索赔进行量化并非易事。但重要的是，买方应当保持前后一致，这样如有必要，索赔通知中的事由才能成为法律诉讼的基础。

如何界定违约并实施索赔

为了取得赔偿，买方需要证明，卖方违反保证条款，导致谈判损失的发生。要证明对方违反了保证，对随后发生的损失进行量化，并让法庭相信这些情况，这可能是一个耗时耗力的过程。

买方首先应该确定具体的保证范围,并由此得到索赔的依据,然后就可以进行相应证据的收集。一项诉讼可能涉及对方违反多项保证,而重要的是,在一开始就要制订多种替代方案。

损害程度

一般原则是,对于提供保证后的公司或业务价值与其市场价值之间的差额,买方拥有索赔权利。尽管这听起来直接明了而且合情合理,但在实际中这一规则的运用并非易事。

并购价格往往被视为保证价格,而企业估值常用的方法之一就是市场价值法。但并购价格并不总能反映保证价值。举例来说,因为自己的原因,买方可能需要支付通货膨胀之后的价格。超额支付的买方是无法挽回自己多付的资金损失的。这自然会导致双方对估值方法的争执,双方都希望能够采用对自己有利的估值方法。

在某些情况下,双方可能采取其他的措施。

> **案例**
>
> 举一个与常见原则不符的例子,就是上面所说的利维森诉法林案。买方抱怨说,公司净资产要比保证价值低 8 000 英镑。这并不意味着,公司价值就相应减少了同样金额。买方辩称,它要求得到 8 000 英镑的补偿,以使公司的价值与其保证价值一致。法院接受了这种说法,并给予其完整的补偿。
>
> 而在 TFL Prosperity 的例子中,一艘船的承租人所得到的损失补偿,是比其担保价值略低的利润损失金额。

由违反保证或补偿条款而导致的并购完成之后的索赔往往存在高度不确定性。通常来说,双方之所以很早就达成一致来解决索赔问题,而不是采取诉讼的手段,并不仅仅是因为这是最为理智和符合商业利益的解决方案。具有讽刺意味的是，如果最开始就重视这一问题，采取类似诉讼的思路加以解决，通常能够从商业角度达成更加完善的解决方案，但这也意味着，双方就解决问题展开协商之前，引入律师、获取独立报告和采访目击者等相关费用成本就已经产生。最好的做法是，双方在起草并购协议的时候就同意，不采取诉讼的方法，而是利用替代争议解决方案（Alternative Dispute Resolution，简写为ADR）来解决问题，这会更符合相关各方的利益。在协议中规定通过仲裁或专家决议来解决争议问题，可能是最好的解决方法。

补偿

如上所述，补偿属于针对特定债务采取的补救措施。补偿条款的存在，使买卖双方可以保持"且走且看"的心态。最常见的补偿是针对纳税义务的补偿，这是由卖方做出的承诺，在出现类似的债务情况时实施补偿。上面关于保证所讲的大部分内容，也都适用于补偿条款。还有另外几点内容，我们也应当记住：

- 并购协议应当包含这样的条款，规定针对保证或补偿的索赔是否具有优先权。
- 在索赔过程中，要考虑违反保证条款是否也会导致违反补偿条款，相反情况是否适用，这两种情况哪种更为有利（如果可以选择）。
- 因对方违反合同而得到的资金补偿会对税务产生影响。

其他与补偿索赔相关的问题，我们在保证那一部分已经进行了探讨。

交易达成之后

管理层应充分了解保证的内容,以及违反保证条款时所应采取的正确处理程序,最好是指定专人具体负责,在并购交易完成之后,确认可能出现的保证和补偿索赔情况。并购交易完成之后负责企业经营的经理可能没有参与过具体的并购交易,同时作为商业人士,他们对问题的反应通常是,主动站出来解决问题,而不考虑这是否将成为法律诉讼的导火索。

对于保证和担保索赔发出通知的法定期限是 6~12 年。双方通常在买卖协议中对此进行具体约定,对于商业保证的通知期限,最低可以缩减为 2 年,而对于税务保证和补偿的通知期限,最低是 6 年。

把这些期限记录下来,是并购结束之后尽职调查的重要内容。买卖协议中,既会包含针对保证和补偿索赔的正式通知程序,也会为解决索赔问题规定相应的仲裁条款,并购方应当按照买卖协议的要求,严格遵循相应的程序规定。

合同中保证和补偿条款的替代性解决方案

除了通过保证和补偿条款提供的法律保护措施,双方还可以就其他的保护性措施进行协商,以便应对尽职调查结果不利的情况。这些措施包括:

- 调整价格。
- 维持原价格。

- 盈利能力支付计划。
- 由第三方提供担保。
- 投保。
- 资产出售而非股份出售。
- 将部分资产和债务排除在交易标的之外。
- 解决问题的费用由卖方承担。

跨境交易涉及的问题

正如我们在第 3 章（初步谈判）中所介绍的那样，跨境交易可能会进一步增加协议的复杂性。为此，双方应当在协议中约定，谈判协议的效力究竟应当适用于哪一方的法律。

结论

双方围绕买卖协议所进行的谈判，是并购交易中最令人生畏、最使人肾上腺激素飙升的一项工作。在协议起草过程中，要集中关注合同的主要条款，避免迷失在复杂的法律条文中，无法估量这对并购成功所起的作用。要把细节工作留给律师们去做，这毕竟是你为他们支付咨询费的目的所在。

附录A

ACQUISITION ESSENTIALS
A Step-by-step Guide to Smarter Deals

财务尽职调查清单

调查时间跨度通常涵盖最近 3 年。

企业历史和业务活动

- 公司法律结构概述及股权结构，以及与上年度收入相比的变动情况。
- 公司历史、地点和业务性质简介。
- 最近的业务发展规划以及/或者公司宣传手册复印件。
- 公司产品/服务介绍及其他交易活动。
- 公司主要竞争对手及市场地位的详解介绍，包括公司预计的市场份额和所做的近期市场调研报告。
- 主要客户详细资料，包括贸易条件以及调查期间对各客户所做的营业收入分析。
- 主要供货商的详细资料，包括交易条款以及调查期间对各供货商所做的采购分析。
- 任何与客户、供货商签署的长期合同的细节信息，以及其他与第三方签署的重要协议、合同或合作安排。
- 对于单一供货商的替代方案。
- 公司的生产方法和生产技术，以及公司与其所在市场的"最新技术"之间的差距和对比。
- 生产经营场所概述，说明公司的地点，设备/位置，期限和用途，当前未投入使用的机器设备，是否存在多余的土地或建筑物等。

- 应付或应收租金的详细信息、即期的租赁协议，以及负有法律责任的租赁条款的细节规定。
- 公司知识产权的细节内容，目标企业是否对其采取了保护措施。
- 任何法律诉讼的细节。
- 在过去6年间，有关公司并购、处置的合同复印件。

组织结构和员工

- 管理结构及职责分工概况。
- 董事及高级管理人员列表，尤其是：
    - 之前的从业经验及加入本公司之前的相关从业经历。
    - 正式的资质条件。
    - 调查期间的岗位职责。
    - 年龄、服务年限、董事会任命日期（如果适用）。
    - 当前的薪酬水平。
    - 养老金方案。
    - 其他福利（如公司用车）。
    - 服务条款。
    - 负责经营目标企业或其子公司的公司管理者职位。
- 调查期间离职的前董事和高管姓名及其离职原因。
- 各部门员工分析、员工产能分析。
- 重要员工的详细资料以及公司为挽留这些员工而采取的措施。
- 薪资结构、雇佣条款，包括带薪休假、养老金和其他福利以及通知期限等。
- 最近一期及即将进行的薪资调查细节。
- 详细的招聘和培训政策。

- 活跃的工会组织名称（如有），参与各工会的员工数量。
- 调查期间争议问题的详细信息，以及当前劳资关系的总体形势。
- 公司与自雇佣员工、外部咨询顾问、合同对手以及专业咨询顾问的关系。
- 对于近期加入或离开公司的员工，公司规定的限制性条款细节。
- 任何养老金或股权认购计划的细节信息。

会计政策及审计问题

- 检查期间审计报告书的复印件。
- 获得目标企业审计师授权，可以查看审计期间的审计工作底稿。

管理信息和控制系统

- 信息科技系统结构的详细信息（包括网站、ERP及会计系统），各系统之间的交互关系，在财务和非财务信息发布过程中各系统的利用程度。
- 备份和灾害恢复程序的详细信息。
- 管理信息报告程序的详细内容，如果适用，还包括合并流程信息。
- 预算确定流程的详细信息，以及此前实际数据与预算数据的比较结果。
- 现有的主要内部控制制度概述。

交易结果

如果可行，应当按月提供以下的分析资料：

- 检查期间所生成的财务报告复印件，如果存在，还包括临时账户和非法定账户。
- 按照报告期间的主要产品类别、客户或地域进行分类，所进行的产出分析和毛利分析。
- 按照内容分类实施的费用分析。
- 检查期间，用于对公司业务进行分析的管理账户和其他管理信息，以及财务报告调节表。
- 影响任一年度交易结果的特殊情形的详细信息。
- 集团内部或关联交易的详细信息。
- 货币敞口或对冲计划的详细信息。

资产和负债

以下分析可以仅在年末提供：

- 对固定资产资本化、重新估值和折旧政策的描述。
- 近期实施独立或内部估值的迹象。
- 审查期间，按照主要类别、使用年限或者是否自有或出租进行分类，对固定资产估值、成本、折旧和摊销以及净账面价值的分析。
- 公司可以预期但未体现在合同中的补助收入、资本承诺以及其他大额资本支出的详细信息。
- 按照类型和期限分类的存货分析（包括存货总额和扣除跌价准备后的净额）。
- 按照类型和账龄分类的债务分析（包括债务总额和扣除跌价准备的净额）。
- 按照类型和账龄分类的债权分析，并分析其偿还基础。
- 分期付款、出租和租赁协议的详细信息。

- 贷款或透支安排、提供的保障、利息支出和还款的细节规定，以及违反上述约定所应遵循的付款条件。
- 任何保证债务和近期索赔情况的详细信息。
- 任何或有负债、资产负债表外融资或其他上述未涉及的债务的详细信息。

现金流

- 若没有被包括在财务报告中，则应提供审查期间的现金流量表。
- 对审查期间净现金头寸的重大变动，要求进行解释说明。

财务预测

- 所有可以获取的预算信息、预测资料。
- 对公司做出预算的基础进行描述，如果可行，取得支持性的证据资料。

当前的交易

- 自检查期以来的月度管理账户信息。
- 与检查期同步的管理账户分析资料，包括对偏离预算所进行的评价。

税收

- 检查期间的税收计算及往来信件。
- 当前税收计算的详细资料，以及与税收主管机构的争议情况。
- 对上期结转的税收损失以及预交公司税（ACT）自产生之日起进行的分析。
- 公司已经取得的税收清算份额。

- 最近一期增值税及代扣所得税（PAYE/NIC）检查情况的汇总资料。
- 检查期间重建、重组及税收清算的详细信息。

其他信息

- 向公司会员发放的宣传资料复印件。
- 会议记录本、公司记录簿以及协会备忘录和章程资料信息。

附录 B

ACQUISITION ESSENTIALS
A Step-by-step Guide to Smarter Deals

法律尽职调查问题清单

公司章程/所有权结构/法律地位

- 最新的章程资料：
  - 公司供货商是否有权出售其在目标企业的股份？
  - 公司章程条款是否对股权转移有限制性规定？
- 公司法定股本和已发行股本的详细信息。
- 股东详细信息（包括股东的持股能力，以及持不同意见的股东或无法接触股东的情况）。
- 股东协议（如有）。
- 用于确定目标企业结构的组织结构图，以及每一团队当前的主管。
- 目标企业股权资本是否设有期权或进行了抵押？
- 目标企业使用的资产中，是否存在非自有资产？
- 目标企业资产是否存在抵押或为他人所有？
- 企业供货商或其他个人，以及与他们存在密切关系的各方，是否与目标企业存在任何合同利益、贷款、知识产权、资产、竞争性业务关系或索赔纠纷？

主要合同

- 与生产型合资企业、合伙、代理、经销、授权、供货、特性经营、外包有关的协议的复印件，以及产品销售/提供服务的标准合同复印件。

- 目标企业是否具有偿付能力？近期是否存在导致资不抵债的因素？
- 全部重要客户和供货商的详细信息：
  - 双方关系是否存在恶化的可能？
- 在过去6年里，与目标企业自身、业务/资产相关的全部买卖合同的复印件。
- 借款和贷款协议及相关保障/担保文件的复印件。
- 银行账户详细资料以及授权书：
  - 本次并购是否需要得到银行的同意？
- 如果目标企业的控制权发生变化，那么是否存在重大期权或可执行的权利及其详细信息。
- 与合约不符的详细内容。
- 目标企业是否存在非常规的协议安排？
- 目标企业是否存在为第三方提供担保或补偿的情况？
- 根据《破产法》，目标企业合同是否可以享受豁免？
- 是否存在合同要遵守英国标准法或完成其他特殊认定？

账户/财务状况

- 过去3年经审计的账户信息。
- 随后提供的任何管理账户或内部账户资料。
- 自上一会计期间以来，有关目标企业财务或交易情况的其他资料：
  - 会计师的报告。
- 自上期审计以来，是否存在重大不利变化？
- 是否存在坏账或可疑债务？
- 股份是否存在充足、过剩或不可用等情形？

- 目标企业的厂房和设备是否状态良好？是否需要更换？
- 目标企业是否取得了许可？
  - 这种情况是否需要付费？
  - 是否可以放弃？
- 目标企业是否存在与自身业务无关而需负担的费用？

财产

- 财产清偿顺序。
- 是否有负责产权调查的购买人？或者有负责发放产权证书的供货商律师？
- 为证明产权完整所需的全部契据及其他资料的复印件。
- 所有保单的复印件。
- 所有影响企业财产的抵押、债务承担、租赁、期权、许可、限制性条款、地役权或其他的限制性规定或权利的详细信息。
- 企业外部财产的详细信息。
- 与附近业主发生争议（实际存在的或即将发生的）的细节信息。
- 是否存在鉴定人报告？
- 是否存在规划/使用的限制？
- 是否取得了必要的规划许可/建造监管许可？
- 特定风险（如矿山、洪水、地表塌陷、垃圾掩埋、公共用地、石棉制品、有毒材料、环保要求等）。
- 之前签署的租赁协议是否会带来即期的债务？

雇员和养老金

- 所有雇佣合同标准条款和规定的复印件，以及重大差异的详细信息。

- 确认关键员工：
  - 他们对本次企业出售可能会有什么样的反应？
  - 本次并购交易完成后，他们对企业的价值何在？
- 全部主管服务合同的详细信息（尤其是薪资、通知期限、限制性规定以及"降落伞"条款）。
- 全部的奖金/利润共享/主管或员工的股权激励计划的细节信息。
- 确定全部现有及潜在的员工索赔情况。
- 所有养老金方案的细节信息（包括精算估值）：
  - 雇主的责任有哪些？

知识产权

- 确定公司全部的知识产权，并进行必要的调查研究（如商标注册机构、专利局等）。
- 确定所有尚未注册的重要知识产权。
- 由第三方许可或向第三方许可的全部许可证协议的详细内容。
- 与知识产权相关的争议的详细信息（实际发生的或潜在的）。
- 目标企业作为参与方的全部保密协议的细节信息。
- 目标企业是否是在以其他名义而非自己公司的全名进行交易？
  - 这种做法是否受到保护？

信息技术

- 目标企业信息处理是否处于第三方的控制之下？
- 在可预见的未来，目标企业的计算机系统是否具备充足的处理运算能力？
- 公司存在哪些灾难备份恢复方案？

- 是否就第三方软件达成了信任协议？
- 目标企业的计算机系统是否曾经发生过重大问题？
- 目标企业是否具备充分的备份、安保和反病毒保护措施？
- 对于正在使用的软件，目标企业是否得到了适当授权？
- 目标企业的软件是否正面临"时间戳"、"逻辑炸弹"或"日期字段"等类似的限制？

税务

- 最近6年目标企业/目标企业集团税收返还的详细信息，如有可能，还有更早年份的资料信息。
- 在过去6年间是否存在固定资产在集团内部的转移？
- 自上一审计期之后，在正常的交易过程之外，是否产生了新的纳税义务？

杂项

- 是否存在合适的保险安排（产品责任/产品召回等）？
- 近期索赔是否有保险承保？
  - 是否存在一些易于免除保险责任的保单？
- 其他现有及潜在的诉讼或索赔的详细信息。
- 或有负债（如产品责任、担保、保修义务、产品退回、客户激励带来的负债等）。
- 海外分支机构：需要哪些海外经营建议？需要哪些政府许可或税务批复？